本書以十五個「人生定律」來闡述如何獲得「幸福人生」！

幸福思考

楚凡夫　著

前言

「幸福＝快樂＋有意義。」

這是哈佛大學心理學教授泰勒・班・沙哈爾在他的『正向心理學』課程中，所提出的名句。

「幸福」本來就屬於「十分抽象」的名詞，過去一種通用的解釋是指「心靈的滿足」。可是，這種滿足會建立在：因人、因事、因時空背景的不同而有所變化。所以泰勒的主張就有了比較具體的說法與解釋。

本書以十五個「人生定律」來闡述如何獲得「幸福人生」！乍看之下，雖然這些定律好像沒直接關連，可它們的運作卻與我們的幸福息息相關！人生在世，也許有不少人覺得很納悶，為什麼一直以來我每天都很努力工作，可卻還是過得十分困頓，反觀有些人看他整天遊手好閒似的，在辦公室也只待個半天左右，到了中午就不見人影了，可他老兄卻過來有聲有色、十分滋潤，這老天也太不公平了……

不過，在您要抱怨之前，不妨先來看個小故事——

有位法國人在年輕的時候，過得很窮、很苦，後來，他靠推銷裝飾肖像畫起家，在短短的時間裡成為法國最富有的富翁之一。之後，當他因病去世時留下了一份遺囑，他在遺囑中說：「我曾經是一位窮人。在以一個富人的身份跨入天堂的門檻之前，我把自己成為富人的秘訣留下。誰若能通過回答窮人最缺少的是什麼，而猜中我成為富人的秘訣，他將能得到我的祝賀。我留在銀行私人保險箱內的100萬法郎，將作為睿智地揭開貧窮之謎的人的獎金。也是我在天堂給予他的歡呼與掌聲。」

他的遺囑被報紙刊登後，短短幾天內就收到了將近2萬份的答案。這些答案五花八門，什麼樣的都有，一部分人認為窮人最缺少的當然是金錢了。有了錢，就不會再是窮人了。另有一部分人認為，窮人之所以窮，最缺少的是機會。又有一部分認為，窮人最缺少的是技能。一無所長，所以才窮。有一技之長，才能迅速致富……

後來在富翁的律師和代理人及公證部門的監督下，打開了他銀行內的私人保險箱，公開了他致富的秘訣——窮人最缺少的是成為富人的「野心」。

一名年僅9歲的女孩猜對了答案。女孩在接受100萬法郎的頒獎之日，眾人問她為什麼認為野心是窮人最缺少的，她說，「每次，我姐姐把她的男朋友帶回家時，總是警告我說：不要有野心！不要有野心！於是我想，也許野心是一種可以讓人得到自己要得什麼到的東西！」

謎底揭開之後，震動法國，並波及英美。一些新貴、富翁在就此話題談論時，均毫不掩飾地承認：野心是永恆的治窮特效藥。因為，窮人之所以窮，就在於他們現在的思想還停留在安於現狀、只求一時的滿足中，而不著眼將來，更沒有成為富人的野心。表面上窮人最缺的是金錢，其實本質上他們最缺的是野心——成為富人的野心。

這個故事，就是對本書「窮人定律」的最好詮釋……

另外，有關人的情緒為什麼會傾斜的「鐘擺效應」，還有「蝴蝶效應」與「多米諾效應」到底是不是相同的呢？在「鏡子法則」中是探討人的真實心態，「羅伯特定律」則是鼓勵我們不能輕易放棄，正如「史華茲論斷」所說，幸與不幸，都操之在你。還有「美即好效應」勸您不要為表象所蒙蔽……

除了，別讓可怕的窮人思維作祟，您也要學會使用右腦、使用逆向思維，在處世方面您應該熟悉「比林效應」它指明您一生的麻煩之所在，萬一偶爾有了失落，也可以參考「酸葡萄與甜檸檬效應」，最後的「因果定律」則是以哲學家的理性，告訴您：任何事情的發生，都不是偶然的！

這是一部有趣又有意義的人生指引法則，卡耐基說：「要記得，幸福並不是依存於你是什麼人或擁有什麼，它只取決於你想要擁有什麼！」所以，我們希望擁有什麼，您不妨：放下一切，重新思考一番吧！

第一章

鐘擺效應

——人類情緒高低擺盪的現象與影響。

「鐘擺」的故事

「鐘擺效應」是指主要是描述人類情緒的高底擺盪現象，是當代心理學上的一個名詞。可是你知道嗎？「鐘擺」這個名詞，卻是來自十六世紀的歐洲的兩大物理學者。一五八二年，在義大利比薩大教堂裡，牧師正在向人們講道，這些人中有一個貧寒的大學生，他對講道沒有太大興趣，反而被教堂天花板上的一個吊燈給吸引了，這個吊燈在這個教堂裡存在了很多年，風一吹就會來回擺動。這是一件再普通不過的事情了，然而這個學生很敏銳，他在思索一個問題：儘管吊燈擺動距離越來越小，但往返一次所需要的時間似乎都一樣。脈搏的跳動是有規律的震動，吊燈的擺動會不會也遵循這個道理？

為了驗證這個想法，他右手按住左腕的脈搏，心裡默默計算著吊燈擺動的次數，結果發現它們之間確實有一定的關聯。沒等牧師講道完，他急忙跑回家，也用繩子吊了一個東西來研究它的擺動規律，結果發現所吊東西的繩子長度一改變，擺動的周期就不一樣。但是所吊東西的重量、擺動的角度大小和擺動的周期無關，這就是著名的「擺的等時性」原理，而這位發現者還不到20歲，他就是後來鼎鼎大名的伽利略。

過去，人們總用流動物質的勻速流動來計時，比如沙漏、水漏。當時，包括伽利略在內的許多人認識到如果擺能做均勻的周期運動，那麼它可能可以提高計時器的精確度。不過，事實上，伽利略「擺的等時性」原理是存在問題的，比如擺的擺動角度實際上會影響擺的周期，而不是像伽利略所說的毫無影響，如果依照伽利略的原理來設計擺鐘，是不可能準時的。所以，第一個擺鐘的真正發明還得等到十七世紀，發明者是荷蘭的物理學家、天文學家、數學家克利斯蒂安・惠更斯。

惠更斯是歷史上最著名的物理學家之一，他建立了向心力定律，提出動量守恆原理，也是概率論的創始人之一。當時他注意到了這一問題，他發現只有在擺角比較小的情況下，伽利略單擺的等時性才成立，然而當擺角比較大時，比如當擺角為60度時，不嚴格等時性就很明顯。惠更斯仔細研究並解決了這些問題，進而研究其在機械上的應用，設計出了嚴格等時的擺鐘結構。

一六五七年，28歲的惠更斯把重力擺引入機械鐘，發明了擺鐘。擺鐘的精確度是歐洲以前計時器的100倍，將每天平均15分鐘的誤差，改進到每星期大約只有1分鐘左右的誤差。對於人類生活使用時間的進展，有了突破性的貢獻！

「鐘擺效應」到底是什麼？

現在言歸正傳，在心理學上的「鐘擺效應」指的是：人的感情在受外界刺激的影響下，具有多度性和兩極性的特點。每一種情感具有不同的等級，還有著與之相對立的情感狀態，如愛與恨、歡樂與憂愁等。「心理擺規律」就指在特定背景的心理活動過程中，感情的等級越高，呈現的「心理斜坡」就越大，因此也就容易向相反的情緒狀態進行轉化，即如果此刻你感到興奮無比，那相反的心理狀態極有可能在另一時刻不可避免地出現。

負面情緒強度降低了，正面情緒也會同樣降低，就像「鐘擺」一樣，左右兩邊的擺動幅度總是一樣的。

情緒處理的鐘擺效應是指，當一個人在某一種情緒上降低了反應的強度時，其他的情緒強度也會有同樣的降低。那些所謂的負面情緒強度降低了，正面情緒也會同樣降低，就像「鐘擺」一樣，左右兩邊的擺動幅度總是一樣的。

根據「鐘擺效應」的原理，當一個人在某種情緒上降低了反應的強度時，他在所有其他情緒的感受上也會相應的減弱。也就是說，當人們刻意麻痺自己對負面情緒的感受的時候，也會感受不到正面情緒。這種狀態下的人對待生活比較漠然，遇到好笑的事情不覺得可笑；看到悲傷的電影也不會覺得難過。外面的歡笑悲傷都無法進入他的世界；同樣的，他們也會喪失去感覺別人的喜怒哀樂的能力。就像在醫院病人手術前打上麻醉藥，不只是喪失了痛覺，而是所有感覺。在短時期內這樣做是沒有問題的，但如果長期如此，是會有損害的——不好的事不會傷害到你，好的事同樣也不會使你感到歡欣、喜悅和滿意了。

這種情況就像鐘擺一樣，左邊擺得高右邊也高，左邊低右邊也低，如果長期發展，最後鐘擺就不會擺動，停留在正中間一點不動。而這個心理上的護牆一旦倒塌，便會出現強大的混亂情緒。

我們每個人都希望避開痛苦的情緒，然而有些人因為矯枉過度，結果連那些他想得到的情緒也失去了。例如，有人害怕失望，因此極力想避開會導致失望的情況，如畏縮於拓展人際關係、不敢接受具有挑戰性的工作等。

就短期來看，他是避開了會使他失望的事情，可是同時也失去了能使他得到關懷和信心的機會。一心想逃避負面情緒並不是辦法，積極的做法是從這些負面的情緒中挖掘出正面的意義及功能，讓負面情緒為我們所用。

與逃避的做法相反，我們應該把自己的情緒強度儘量擴大（重回較大的擺動幅度），這樣每天中每件事帶給我們的喜悅、滿足、自豪、信心等情緒，我們就可以完全得到，達到左邊擺動的最高點，心中充滿了人生的意義和樂趣。因為左邊擺動的正面情緒給了我們積極的影響，即使當右邊擺動的負面情緒也達到了最高幅度時，我們也能承受。

事實就是這樣，我們的心裡都有十分明顯的兩極性。有肯定有否定、積極與消極、緊張與輕鬆、激動與平靜、愛與恨、樂與悲、禍與福、賞成與反對等等。

「鐘擺效應」影響一生

在日常生活中，人們的心靈會隨著特定背景的心理活動而產生，在這些兩極之間擺動的現象。范進中舉，是《儒林外史》中最為精彩、最振聾發聵的篇章。范進的樂極生悲，就是典型的心理擺效應的例子。

鄉試出榜那天，家裡斷炊，范進抱著一隻母雞到集上去賣。報喜人來了，鄰居尋范進回去打發報喜人，范進不信，被鄰居一把拖了回來。范進三兩步走進屋裡來，見中間報帖已經升掛起來，上寫道，「捷報貴府老爺范諱進高中廣東鄉試第七名亞元。京報連登黃甲（金榜）。」范進不看便罷，看了一遍，又念了一遍，自己把兩手拍了一下，笑了一聲說道：「噫！好了！我中了！」說著，往後一跤跌倒，牙關緊咬，不省人事。范進被人喚醒後，哭笑無常，滿街瘋癲。後來，經他的岳父胡屠戶扇了一記耳光，驚醒過來，瘋病才見好。

可是，面對「心理擺效應」給我們帶來的不良反應，我們應該如何應對呢？難道就讓情緒無情地操控著我們，使心成為一個無休止的鐘擺嗎？

當然不是！我們應懂得順其自然，要知道，人生不能總是高潮，生活也不可能永遠是低流。

在現實生活中，我們難免會遇到一些可怕的不幸、災難或不願意接受的事實，但是，這些往往是我們無法選擇、也不可避免的。對此，明智的應對方案就是默默地接受，從面避免心情陷於低潮。還有另一種方法，也可以幫助你減弱不幸的傷害，那就是，當不幸降臨時，不要將其放在心裡，予以忽略，予以蔑視，以此來調整心態。

面對不可避免的事實，我們就應該學著做到詩人惠特曼所說的那樣，「讓我們學者像樹木一樣順其自然，面對黑夜、風暴、飢餓、意外與挫折。」因為，環境不能決定你是否快樂，你對事情的反應才會決定你的心情。

請記住這樣一句話：要驅除生命中的黑暗，最好的辦法就是使生命充滿陽光；要避免混亂，就得追求和諧；要使頭腦戒指錯誤，就得使頭腦充滿真知；要遠離邪惡，就得多多思索美好可愛的事物；要擺脫一切討厭和不健康的東西，就必須深思一切宜人和有益健康的事情。因為截然相反的思想不可他同時占擁一個人的頭腦，做到這一點，你就真正成了自己情緒的主人。

我們一定要懂得消除一些思想上的偏差。人生有聚也有散，生活有樂也有苦，有些人由於希望永遠生活在激情、浪漫，刺激等理想的境界之中，因而對缺乏上述因素的平凡生活狀態總是心存排斥，他們的心情自然就會因生活場景的變化而大起大落。

我們應該學會體驗各種生活狀態的不同樂趣。既能在激盪人心的活動中，體驗激情的熱烈奔放，又能在平淡如水的日常生活中，享受悠然自得的生活情緒。唯有此，自己才能在生活場景發生較大轉換時，避免心理上產生區大的失落感和消極的情緒。

此外，避免心理的極性搖擺，我們還要做到加強理智對情緒的調控作用。讓自己快樂興奮的生活時空中，保持適度的冷靜和清醒。而當自己轉入情緒的低谷時，要儘量避免不停地對比和回顧自己情緒高潮時的「激動畫面」，隔絕有關刺激源，把注意力轉入一些能平和自己心境或振奮自己精神的事情和活動當中去。

選舉的鐘擺效應

另外，在政黨政治的選舉過程中，也常會出現「鐘擺效應」，這是選民心理的常見現象，指當某陣營在一次選舉中大勝後，大敗的陣營較易在下一次選舉收復失地，就如鐘擺向左擺後便會向右，循環不息，這主要是出於人民不想一黨持續獨大的表現。例如在歐洲不少國家，便經常出現執政黨輪替的情況。

因為一個擺錘所處的初始位置越高，那麼根據動能和勢能轉化原理，它擺過最低點後能夠到達對面的位置就越高，這就是鐘擺效應的一般物理描述，這一原理告訴人們，他在社會生活中所處的社會地位越高，他對社會造成的或好或壞的效果也就越大，所以身處高位的人一定要隨時注意用好自己手中的權利，如果他能夠用來為國為民做好事，那麼他的位置越高越好。如果他總是想利用手中的權利來做一些不恰當的事情，那麼他的位置越高，他給社會造成的危害也同樣巨大。

政治選舉中的鐘擺效應並非必然定律，當中還有其他客觀未明因素，反面例子有共產國家、獨裁統治，有非洲地區等。鐘擺效應只用於賽後解釋，而難準確用於賽前預測。最明顯的例子是美國中期選舉，無論何黨為執政黨，幾乎必遭受程度不一的失敗（國會失去部分席次，甚至失去控制權），此源於選民對執政黨的不滿，或至少是給執政黨一些警訊。這情況在一九九八年發生例外，當時受柯林頓彈劾案影響下，執政的民主黨反取回數個國會席次。

鐘擺效應可能的連鎖反應，在多黨政治的生態下，焦點只落在兩大政黨之上。選民分為游離票和鐵票，後者不過半數，而游離票選民不想一黨獨大，永遠不滿所有執政黨的政績，期望在野黨可能有新作為。而鐵票選民又太樂觀，以為此次也當長勝，積極性放鬆了！在一黨勝出後，在野黨領導人知錯，下台辭職，新人上台，承諾自我完善。在下一回選舉中，游離票相信在野黨的承諾，投票率特別高，投向在野黨，形成鐘擺效應。

投資學上的鐘擺效應

聽說比爾·蓋茨曾向巴菲特請教，如何才能成為一個成功的投資者，被告知的答案與多年來向他諮詢投資技巧的人一樣，那就是去讀班傑明·格雷厄姆的著作，其中，巴菲特最推崇的就是出版於一九四九年的《聰明的投資者》，這本時隔60年的投資經典著作至今被奉為投資學「聖經」。時代在變，市場在變，投資品種在變，交易變得越來越複雜，但人性不變。

什麼樣的人才是「聰明的投資者」，格雷厄姆在書中有明確的定義：要有耐心，要有約束，渴望學習；能駕馭自己的情緒；並能夠自我反省、與其說是表現在智力方面，不如說表現在性格方面。

其中，駕馭自己的情緒是非常重要但常被忽視的一點，歸根到底，任何投資的價值都是而且必定永遠是依序於買入的價格，而不是市場上的熱度，格雷厄姆在書中特別提到了牛頓折戟「南海泡沫」的例子。一七二〇年南海公司成為全英國上下炙手可熱的股票，投資者趨之若鶩。股票價格從一七二〇年七月的每股128英鎊飆升到七月份的每股1000英鎊以上，6個月漲幅高達700％。牛頓當時已在這支股票上獲利100%總計7000英鎊，但在市場狂熱情緒的感染下，他又以高價買回這支股票，最終卻賠了20000英鎊出場。格雷厄姆點評牛頓在股瘋中的表現也是相當不留情面，「牛頓與聰明的投資者還有很大的差距，這位世界上最偉大的科學家的行為就像是一個傻瓜。」

在格雷厄姆的理論中有幾個經典的比喻，包括「市場先生」、「旅鼠」，還有「鐘擺」。市場就像一隻鐘擺，永遠在短命的樂觀和不合理的悲觀之間擺動。聰明的投資者一定是善於利用這種「鐘擺效應」的人，「他們是現實主義者，他們向樂觀主義者賣出股票；並從悲觀主義者手中買進股票。」

市場的鐘擺效應確實存在著鐘擺的某些特徵。我們經常聽到這樣的說法：橫的時間有多長，立起來就有多高。這就是有點類似於江恩理論（William Delbert Gann）的「時間換空間」，市場用整理的時間換取了未來大幅波動的空間。同時也有「空間換空間」的說法，市場用大幅上漲的空間換取了未來大幅下跌的空間。

如果說鐘擺的擺動是絕對對稱的話，那麼市場是否也是絕對對稱的呢？市場至少從概念上來看是對稱的，「貪婪與恐懼、趨勢與整理、敏感與遲鈍、業績與題材、大盤與小盤」等等都是「成對」出現的。當你能夠找到一種交易的方法，那麼一定還存在一種與你相反的交易方法存在。或者說，任何方法在不同的歷史時段內都是會有「占便宜」和「吃虧」的時候。

根據心理學描述人類情緒高低起伏的「鐘擺效應」現象套用股市上，鐘擺擺盪的區間猶如市場行情造成的投資人情緒波動，而擺錘擺動的中點便是股票的實際價值（內在價值），但停留時間卻很短，經常上下波動反覆圍繞實際價值。

股票分為兩個部分，一是股票的實際價值（內在價值）；二是市場情緒作用。兩者一起就是最終的股票。如果我們看好一檔業績蒸蒸日上的個股，遇市場走向空頭時，個股容易受到牽連導致下跌，股價不一定能反映實際價值，這個情況很容易受到市場情緒誤導投資者做出錯誤的判斷，因為股價同時受到實際價值和市場情緒的雙重影響。

「擺錘到一極端位置時，就會朝相反的方向，當速度（市場情緒影響）越快，擺動（股價震盪）越大，反覆循環。」

股市往右（上漲）擺盪過程中，開始偏離合理價位，投資人會搶著進場，市場情緒會依序從樂觀→興奮→貪婪→價格過高，若錯過時機停利，愈偏離中線就會受到鐘擺週期的影響，行情混亂逐漸失去風險容忍的意願。

鐘擺一旦往左（下跌）擺盪時，如果短時間股價大跌引發恐慌性拋售，市場崩潰情緒依序從悲觀↓沮喪↓恐懼↓價格過低，股價大多短時間內無法回到合理水平，即便股票離譜偏低反應市場的悲觀，因為成交量萎縮，普遍投資者不會盲目撈底，但礙於市場情緒過於風險趨避，依舊只敢觀望。

市場恐慌暴跌讓股民絕望的時候，就是佈局的好機會，敢不敢逢低買，不光是膽識的問題，也是一個對市場情緒了解的問題，潛規則風險趨避，如果部位順勢就值得繼續加碼，千萬不要一次壓重本，因為即便判斷進場點發生錯誤，也不會血本無歸，及時停損才能保住口袋的數目。

總之，看見市場積極參與時，需要小心謹慎提高警覺。擺鐘的極端是投資者與市場過度情緒的時候，宣洩完很可能就會出現一個反轉點，理智大於情緒「拒絕從眾」才能抓好時機進場。

怎樣克服生活中的不良鐘擺效應

除了上述，其實在我們的生活中「鐘擺效應」也是處處可見。例如，在路邊看到圍觀的人群，你很可能也會湊上一腳，在菜市場的叫賣，也很可能讓你滿載而歸，更甚的是百貨公司的周年慶，你就別去湊熱鬧了，否則你很可能也會買一樣你一輩子都不會派上用場的東西……

為什麼會產生鐘擺效應呢？主要原因是：

（一）人的心理存在著一種起伏現象。

這是說，人的心理變化猶如大海的波濤，一會兒潮起，一會兒潮落，潮起潮落，經常按照一定的規律變化著。而這種變化總是在心理的兩極來回擺動，從而產生了心理擺效應。

（二）心理擺效應的產生與個人的兩極循環人格密切相關。

有些人的人格特徵總是兩極心理狀態很明顯，一會兒狂喜，一會兒寧靜；一會兒激情萬丈，一會兒心灰意冷；一會兒快快樂樂，一會兒哭哭啼啼；一會兒愛，一會兒恨；等等。這種人特別容易產生心理擺效應。

（三）與環境、角色反差較大有關係。

心理學家認為，人的感情在外界刺激的影響下，具有多度性和兩極性的特點。每一種感情都具有不同的等級，還有著與之相對立的情感狀態，如愛與恨、歡樂與憂愁等。在特定背景的心理活動過程中，感情的等級越高，那麼在這種情形下出現的「心理斜坡」就越大，因此也就越容易向相反的情緒會態轉化。

那麼，我們應該如何去克服這種鐘擺效應呢？

首先，要消除一些思想上的偏差。

人生不能總是高潮，生活也不可能永遠是詩。人生有也有散，生活有樂也有苦。有些人由於希望永遠生活在激情、浪漫、刺激等理想的境界之中，因此對缺乏上述因素的平凡生活狀態總是心存排斥之意，他們的心境自然也就會因生活場景的變化而大起大落。

其次，人們應該學會體驗各種生活狀態的不同樂趣。

既能在激蕩人心的活動中體驗著激情的熱烈奔放，又能在平淡如水的日常生活中享受悠然自得的生活情趣。唯有此，自己才能在生活場景中發生較大轉換時，避免心理上產生巨大的失落感和消極的情緒。

最後，要加強理智對情緒的調控作用。

人在讓自己快樂興奮的生活時空中，應該保持適度的冷靜和清醒。而當自己轉入情緒的低谷時，要儘量避免不停地對比和回顧自己情緒高潮時的「激動畫面」，隔絕有關刺激源，把注意力轉入到一些能平和自己心境或振奮自己精神的事情和活動當中去。

第二章

蝴蝶效應

——初始條件的極小偏差，都可能引起結果極大的差異。

「蝴蝶效應」的由來

「蝴蝶效應」由美國氣象學家洛倫茲於一九六三年提出的。事物發展的結果，對初始條件具有極為敏感的依賴性，初始條件的極小偏差，都將可能會引起結果的極大差異。

在一九六三年的一次試驗中，美國麻省理工學院氣象學家洛倫茲用電腦求解模擬地球大氣的13個方程式。為了更細緻地考察結果，在一次科學計算時，洛倫茲對初始輸入數據的小數點後第四位進行了四捨五入。他把一個中間解0.506取出，提高精度到0.506127再送回，前後計算結果卻偏離了十萬八千里！前後結果的兩條曲線相似性完全消失了。

根據常識，同樣的程式和數據顯然會導致同樣的結果。但是第二次的預報結果與上一次大不一樣。開始他認為是電腦的故障，排除了這種可能後，他發現，他輸入的不是完整的數據。再次驗算發現電腦並沒有毛病，洛倫茲發現，由於誤差會以指數形式增長，在這種情況下，一個微小的誤差隨著不斷推移造成了巨大的後果。

於是，洛倫茲在美國《氣象學報》上發表了題為「確定性的非周期流」的論文，提出了在確定性系統中的非周期現象。第二年，他發表了另外一篇論文，指出對於模式中參數的微小改變將導致完全不一樣的結果，使有規滿工的、周期性的行為，變成完全混亂的狀態。

這個發現非同小可，以致科學家都不理解，幾家科學雜誌也都拒登他的文章，認為這篇論文「違背常理」；相近的初值代入確定的方程，結果也應相近才對，怎麼能大大遠離呢！

一九七二年美國科學發展學會第一三九次會議上，洛倫茲發表了題為「可預測性：在南美洲亞馬遜雨林一隻蝴蝶扇動翅膀，能否在德克薩斯州掀起一場龍捲風」的演講。他認為，一個微小的初始條件變化可能導致一連串逐漸放大的改變，最終導致完全不同的結果——這個看似荒謬的論斷，打碎了所有人關於「因果決定論可預測度」所存的幻想，最終產生了當今世界最偉大的理論之一——「混沌理論」。

於是，洛倫茲認定，他發現了新的現象：事物發展的結果，對初始條件具有極為敏感的依賴性。他於是認定這是：「對初始值的極端不穩定性」即：「混沌」，又稱「蝴蝶效應」。從此以後，所謂「蝴蝶效應」之說，就不脛而走了。

他說，一隻南美洲亞馬遜河流域熱帶雨林中的蝴蝶，偶爾扇動幾下翅膀，可能在兩周後在美國德克薩斯引起一場龍捲風。其原因在於：蝴蝶翅膀的運動，導致其身邊的空氣系統發生變化，並引起微弱氣流的產生，而微弱氣流的產生又會引起它四周空氣系統發生變化，由此引起連鎖反映，最終導致其他系統的極大變化。洛倫茲把這種現象戲稱做「蝴蝶效應」，意思即一件表面上看來毫無關係、非常微小的事情，可能帶來巨大的改變。

「蝴蝶效應」在社會學界用來說明：一個壞的微小的機制，如果不加以及時地引導、調節，會給社會帶來非常大的危害，戲稱為「龍捲風」或「風暴」；一個好的微小的機制，只要正確指引，經過一段時間的努力，將會產生轟動效應，或稱為「革命」。

蝴蝶效應的威力

丟失一顆釘子，壞了一隻蹄鐵；

壞了一隻蹄鐵，折了一匹戰馬；

折了一匹戰馬，傷了一位騎士；

傷了一位騎士，輸了一場戰鬥；

輸了一場戰爭，亡了一個帝國。

——這段話，告訴我們不要因小失大，得不償失。

馬蹄鐵上一個釘子是否會丟失，本是初始條件十分微小的變化，但其「長期」的效應，卻是關於一個帝國存與亡的極大差別。這就是在軍事和政治領域中的所謂「蝴蝶效應」。

有一個故事，一隻駱駝在沙漠裡艱難地走著，當時正值正午，掛在天空的太陽像一個大火球，曬得它焦躁萬分，駱駝一肚子的火不知該往哪兒發好。就在駱駝焦躁萬分時，一塊玻璃瓶的碎片把它的腳掌硌了一下。疲累的駱駝突然感覺從腳掌傳來一陣疼痛，頓時火冒三丈，抬起腳狠狠地將碎片踢了出去。然而，玻璃瓶又將它的腳掌劃開了一道深深的口子，鮮紅的血液頓時染紅了沙粒。

生氣的駱駝一瘸一拐地在沙漠裡走著，一路的血跡引來了空中的禿鷲，它們在駱駝上方的天空中盤旋著。駱駝心裡一驚，頓時感覺到危險的降臨，於是不顧傷勢狂奔起來，但是血流得更猛了。

當駱駝跑到沙漠邊緣時，濃重的血腥味又引來了附近的狼，疲憊加之流血過多，無力的駱駝只得像隻無頭蒼蠅般東躲西藏。倉皇中，駱駝終於跑到一處可以歇息的地方。不料，食人蟻傾巢而出，黑壓壓地向駱駝撲過去。一眨眼，那些食人蟻就像一塊黑色的毯子一樣把駱駝裹了個嚴嚴實實。不一會兒，可憐的駱駝就倒在地上了。臨死之前，這個龐然大物追悔莫及地嘆道：「我為什麼跟一塊小小的碎玻璃生氣呢？」

駱駝的腳掌被玻璃瓶碎片劃傷了，這原本是一件非常小的事情。可是駱駝卻在這件小事上抓狂了，它憤怒地將碎片踢了出去。然而，它怎麼也沒有想到，正是它這一舉動使它走向悲劇。

「蝴蝶效應」之所以令人著迷、令人激動、發人深省，不但在於其大膽的想像力和迷人的美學色彩，更在於其深刻的科學內涵和內在的哲學魅力。混沌理論認為在混沌系統中，初始條件的十分微小的變化經過不斷放大，對其未來狀態會造成極其巨大的差別。有點不可思議，但是確實能夠造成這樣的惡果。一個明智的領導人一定要防微杜漸，看似一些極微小的事情卻有可能造成集體內部的分崩離析，那時豈不是悔之晚矣？

蝴蝶效應的連瑣效應

二〇〇三年，美國發現一宗疑似狂牛症案例，馬上就給剛剛復蘇的美國經濟帶來一場破壞性很強的颶風。扇動「蝴蝶翅膀」的，是那頭倒霉的「狂牛」，受到衝擊的，首先是總產值高達一七五〇億美元的美國牛肉產業和一百四十萬個工作崗位；而作為養牛業主要飼料來源的美國玉米和大豆業，也受到波及，其期貨價格呈現下降趨勢。但最終推波助瀾，將「狂牛病颶風」損失發揮到最大的，還是美國消費者對牛肉產品出現的信心下降。在全球化的今天，這種恐慌情緒不僅造成了美國國內餐飲企業的蕭條，甚至擴散到了全世界……

另外，你能想像得出一個美國人抽煙和通貨膨脹有什麼關係嗎？假設美國現在有一個人抽煙，不小心把沒熄滅的煙頭扔在了床邊，然後出門上班了，大約20分鐘後，煙頭慢慢引燃床單，火越來越大，逐漸蔓延到左鄰右舍，引起煤氣罐的連環爆炸。這時的美國人已經對「恐怖襲擊」膽戰心驚，而這個肇事者（扔煙頭的人）卻忘了自己曾扔過煙頭，於是在一時無法查明原因的情況下，這件火災暫時被定為「恐怖襲擊」。這樣，驚恐萬狀的人們紛紛拋售股票，引起股市大跌。人們下降的消費信心影響了整個美國經濟，最後造成美元貶值，由於美元的持續貶值，而導致以原材料為基礎的商品價格上漲，引發通貨膨脹……

這個例子比較誇張，為的只是說明：我們在解釋某種經濟現象時，如果無法從常規的分析中找到答案，就要考慮那些看起來無關緊要的因素，然而這種因素太多了，也太不可預測了，這也是為什麼經濟學家總是難以精確地預測具體經濟指數的原因。但也正是這種不可預測性造就了變化多端而豐富多彩的世界。

蝴蝶扇動翅膀都有可能引起龍捲風，那還有什麼不可能呢？「沒有什麼不可能」，恐怕這就是「蝴蝶效應」給我們最大的啟示。

「蝴蝶效應」是連鎖效應的其中一種，其意思即一件表面上看來毫無關係、非常微小的事情，可能帶來巨大的改變。此效應說明事物發展的結果，對初始條件具有極為敏感的依賴性，初始條件的改變，將會引起結果的極大差異。

日常生活中，每天總有一些看似偶然發生的事，實際上是必然會發生的。而發生的這些事並沒有對錯或好壞，也不會直接影響你的心情。每天發生的事，10%是由你產生的，90%是由你對產生的事做出的反應構成，而你對這些事所做的應對行為才是真正使你的生活發生改變的原因。

生活中的蝴蝶效應

丈夫有晨跑的習慣，這天晨跑途中，經過一位遛狗的中年貴婦，不想那條狗猛然間咬住他的褲腿不放，丈夫本能地甩開腿，用力過猛踢到了狗，狗嗷嗷叫了兩聲，才鬆了口。誰知狗主人生氣地說他故意踢她的狗。丈夫更生氣地說狗咬壞了自己的褲子，大家算扯平了，貴婦這才作罷。

丈夫繼續跑步，卻感覺很不爽，越想越生氣。跑完步，回到家，他看到兒子居然還賴床上在玩手機，就訓斥他趕快起床，否則就別吃早餐！同時，丈夫也怪妻子太嬌慣孩子。於是，兒子賭氣沒吃早餐，妻子與丈夫爭吵後，生氣地關上房門。

吵完架，丈夫發現時間很緊張，不得不趕緊送兒子去學校，但兒子還是遲到了，被老師批評一頓，這天兒子參加考試，本來兒子學習成績很好，有望拿第一，但今天因為批評心情極差，都沒有考及格。

丈夫帶著鬱悶的心情趕到公司，然而卻發現自己的公文包沒帶，裏面有今天要會見客戶的重要資料，他趕緊回家去拿，結果忘帶家門鑰匙，不得不給妻子打電話，妻子慌慌張狂往家裏趕，誰知路上撞到一位老太太，不得不賠了一大筆慰問金之後才脫身。

丈夫拿來公文包趕到公司，已經遲到了一個多鐘頭，客戶也因為等他時間太長，使本來能做成的生意泡湯了，於是老闆對他大發雷霆，罰他當月獎金！妻子也因為回去送鑰匙，被老闆訓斥一頓，扣除當月全勤獎！

晚上丈夫回家，發現妻子和兒子都不怎麼跟他說話，於是他更生氣和鬱悶。夫妻又爆發了激烈的爭吵，氣頭上的丈夫打了妻子，妻子哭泣著連夜回了娘家，丈夫賭氣也不去叫，時間長了，夫妻關係冷淡，兩個人索性離婚了！

然而，丈夫卻沒有發現，這鬱悶的一天，看上去是因為倒楣，其實真正讓他的生活變糟糕的事情，都是他一手造成的，與那條狗無關，與其他任何人無關。

你想想，狗是畜生，咬陌生人是它的本性，它錯了嗎？沒有！丈夫不小心踢跑了那條狗，這是他自我保護的本能反應，他錯了嗎？沒有！狗主人愛惜自己的寵物，氣頭上說了兩句護犢的話，她錯了嗎？事實上，誰也沒有錯，原本整個事件僅僅就只是一個生活中的小插曲。然而，丈夫對這件事的反應及後續行為，最終使這件小事蝴蝶效應般無限放大，演變成了一場災難，最終改變了他的生活。

假如換個方式——當丈夫被狗咬到又踢到狗之後，能心平氣和與狗主人互相道歉，那麼他的心情不會太差，如果跑步回家後，看到兒子賴床，他可以對兒子說：「兒子，快來看你老爸的褲腿，老爸被狗咬了！」兒子一定立刻骨碌爬起來，這時，丈夫跟兒子這樣說：「如果你跟我一起跑步，我就會看到，那條狗是怎樣被我兒子一腳踢飛了！」

這時，他的妻子也會關心地過來看，丈夫對妻子說：「親愛的，我沒事，只是咬壞了褲子，你可沒看到，我那飛起的一腳，那狗都嚇尿了！」妻子笑著說：「是你嚇尿了吧？哈哈！」於是，一家人在歡笑中吃個早餐，然後開始愉快美好生活的新一天。當然接下來，兒子考試也許能得第一，丈夫談成一筆生意，不僅老闆賞識，而且當月收入增加，妻子也能拿到滿勤獎。

所以說，每一天的快樂和不高興，其實由你決定，如果你不能對發生10％的事件很好的掌握，那麼後續的90％的事件就會像蝴蝶效應一樣無限放大，到時候你想收拾都難。

對於我們每個人來說，生活中發生的每一件事情，都會使你生活變得美好或變差，關鍵在於你如何去解讀，如何去應對。即使那些在你看來的倒楣事件，只要你願意努力，願意用自己智慧去應對，也一樣可以使它們成為快樂事件。

當你能弄懂生活中蝴蝶效應的原理，並學會掌握每一天發生的事的時候，你就擁有了一種神奇的能力，那就是能將逆境轉化為順境的能力，能將糟糕的一天變成美好的一天的能力。所以說，美好或糟糕的一天，完全由你決定！

不要把一些雞毛蒜皮的小事放在心上；別過於看重名與利的得失；不要為了一點兒小事而著急上火，動輒大喊大叫，以致因小失大，後悔莫及。

蝴蝶效應與逆向思維

不過，你如果以「逆向思維」來詮釋「蝴蝶效應」也可以帶來不同的啟示：有個年輕人，因家境貧寒，輟學回家照顧體弱多病的雙親。

他雖年少，但是，他做啥都很專心，比如：他看景時，不走路，因為會分心，所以他專心觀景，盡情欣賞，他每次都只專心做好一件事。

有一天，在他走過花園旁時，聽到花匠們說口渴，他有了想法，他當下就用這枚銅錢買了一些茶水送給了花匠們喝。

花匠們喝了，非常感激，便一人送了他一束花，他得到了這些花，路過集市的時候，把花分給了愛花的人，於是，得到花的人，非常感激他，每人給了他一個銅錢，這樣他就擁有了八個銅錢。

一天，一陣狂風過後，果園裡到處都是被狂風吹落的枯枝敗葉。

年輕人對園丁說：「願意幫助你們把果園打掃乾淨，這些斷枝落葉能讓我拿回去做柴火嗎？」

園丁很高興：「可以，可以，你都拿去吧！」

年輕人撿柴火時，附近有一群小孩為了爭搶幾粒糖，鬧彆扭，於是，年輕人用這八個銅錢買了一些糖果，分給這群玩耍的小孩，並教育孩子們要團結，小孩們非常感激他。於是，紛紛幫他把所有的殘枝敗葉給撿拾一空……

年輕人正準備把這些柴火拉回家的時候，這時，走過來一位幫大戶人家做飯的廚工，廚工說：這柴火很好，燒火不冒煙，我們東家有哮喘病，最怕煙了，年輕人聽後，說：那您拿去吧！廚工說：怎麼可以白拿呢？於是，廚工付了16個銅錢拿走了這堆柴火。

年輕人拿著這16個銅錢，心想這麼多的錢，可以做好多善事，於是，他想在自

家不遠處開個茶水攤，正值炎熱的夏季，路人們都很口渴，一來可以廉價的賣點茶水貼補家用，二來可以免費給附近五百個割草的工人提供茶水，解決喝水問題。於是，五百個割草工人，每天都向他點頭微笑，並豎起誇讚的大拇指。

不久，一個路過的商人，也停下來喝水，當商人聽附近的人們說：這個年輕人真傻，不僅茶水賣的便宜，而且，還天天在這裡免費給割草的工人供應茶水時，商人露出了讚許的目光，告訴他：「明天有一幫馬販子帶四百匹馬要經過你這裡，你多準備一些茶水吧。」

聽了商人的話，年輕人想，這麼多馬匹，肯定要吃草的，於是，他把這個意思對割草的工人說了，於是，每位割草的工人都很慷慨地送了他一捆草！這樣年輕人就有了五百捆草。

第二天，馬幫隊伍來了，在茶攤歇腳，看到這麼多的好草料，於是，便提出要買，年輕人說：這些草料，我沒有花錢，你們需要就拿去吧，馬幫們笑笑，喝完了茶，便丟下了一千個銅錢，拉走了年輕人的五百捆草料。

幾年後，這個地方出了一位遠近聞名的大富豪……

蝴蝶扇動翅膀都有可能引起龍捲風，那還有什麼不可能呢？「沒有什麼不可能」，恐怕這就是「蝴蝶效應」給我們最大的啟示。

人生處處有蝴蝶

就如上述，「蝴蝶效應」是指在一個動力系統中，初始條件下微小的變化能帶動整個系統的長期的巨大的連鎖反應。事物發展的結果，對初始條件有極為敏感的依賴性，剛開始極小的偏差，都可能引起結果極大的差異。

蝴蝶效應是一種混沌現象，說明瞭任何事物發展均存在定數與變數，事物在發展過程中其發展軌跡有規律可循，同時也存在不可測的「變數」，往往還會適得其反，一個微小的變化能影響事物的發展，證實了事物的發展具有複雜性。

其實，在我們的人生中，處處也可以看到蝴蝶效應的影響力！

人們總是覺得在自己的人生中，最終影響人生的並不是某一個具體事件。實際情況是，在這無數事件中，你所有決定的總體趨勢是怎樣。也就是說，你的這些決定是積極向上的多呢？還是頹廢的多呢？某一個決定並不重要，重要的是你大大小小所有決定是朝著哪個方向。這也就是所謂的「機遇垂青有準備的人」的意思，因為有準備的人，他們的大部分人生決定，都是朝著積極向上的方向。

蝴蝶效應的複雜的連鎖效應，每天都可能在我們身上發生。我們不可能回到以前去改變我們的過去，我們需要的是正確地把握我們的現在。也許，以後的結果就會趨向於好的方向。而走錯一步你可能短時間無法發現，但是幾十年後可能斷送的，就不只是你的未來，而是更多。

一個微不足道的動作，或許會改變人的一生，這絕不是誇大其辭，可以作為佐證的事例隨手便能拈來。美國福特公司名揚天下，不僅使美國汽車產業在世界占居鰲頭，而且也改變了整個美國的國民經濟，但誰又能想到該奇跡的創造者福特當初進入一家汽車公司時的「敲門磚」竟是「撿廢紙」這個簡單的動作。

那時候福特剛從大學畢業，他到一家汽車公司應聘，一同應聘的幾個人學歷都比他高，在其他人面試時，福特感到沒有希望了。當他敲門走進董事長辦公室時，發現門口地上有一張紙，很自然地彎腰把他撿了起來，看了看，原來是一張廢紙，就順手把它扔進了垃圾簍。董事長對這一切都看在眼裡。福特剛說了一句話：「我是來應聘的福特。」董事長就發出了邀請：「很好，很好，福特先生，你已經被我們錄用了。」這個讓福特感到驚異的決定，實際上源於他那個不經意的動作。從此以後，福特開始了他汽車事業的輝煌之路。

福特的收穫看似偶然，實則必然，他們下意識的動作出自一種習慣，而習慣的養成來源於他們的積極態度，這正如著名心理學家、哲學家威廉・詹姆士所說：「播下一個行動，你將收穫一種習慣；播下一種習慣，你將收穫一種性格；播下一種性格，你將收穫一種命運。」

事實上，被科學家用來形象說明混沌理論的「蝴蝶效應」，也存在於我們的人生歷程中：一次大膽的嘗試，一個燦爛的微笑，一個習慣性的動作，一種積極的態度和真誠的服務，都可以出發生命中意想不到的起點，它能帶來的遠遠不止於一點點喜悅和表面上的報酬。

在職場上蝴蝶效應也盯著你

知道了「蝴蝶效應」，我們是否明白了：人，應該活得積極一點，並且從每一件小事情做起。

不僅是個人，企業公司行號，其命運同樣受「蝴蝶效應」的影響，因為消費者越來越相信感覺，品牌消費、購物環境、服務態度……這些無形的價值，都成為他們選擇的因素。所以，只要稍加留意，我們不難看到一些管理規範、運作良好的公司在理念中出現這樣的句子：

「在你的統計中，對待100名客戶裡，只有一位不滿意，因此你可驕稱只有1％的不合格，但對於該客戶而言，他得到的卻是100％的不滿意。」

「你一朝對客戶不善，公司需要10倍甚至更多的努力去補救。」

「在客戶眼裡，你代表公司。」

對個人或組織來說，「防微杜漸」能讓人們及時堵塞漏洞，防止危機的發生。但大部分時候，人們想做到「防微杜漸」並不是一件容易的事。由於變化是漸進的，一年一年地，一月一月地，一日一日地，一時一時地，一分一分地，一秒一秒地漸進，猶如從很緩的斜坡走下來，人們很難察覺其遞降的痕跡。

正是由於這種不知不覺的變化，警覺性不高的人很難預防。這種過程慢得不易使自己感知，也不易使別人察覺。但越是這樣越可怕，因為它往往被一些不起眼的事物所掩蓋。

雖然人們總是希望在危機之前做到「防微杜漸」，但要想完全消除一切隱患卻是不太現實的事情，我們可以在隱患剛開始出現的時候做到「亡羊補牢」。

「一個偉大的作家，不一定描述故事的每個細節，但是卻總是把關係到故事結局的細節描寫得特別生動。一個真正成功的人，不一定關注每個細節，但是卻絕對是特別注重可能關係勝負的細節。那些覺得自己重要到不屑去關心任何細節的人，往往也不足以成就大事業。」

「蝴蝶效應」從表面看來像是一個比較誇張、神奇的現象，可能你會覺得「蝴蝶效應」和自己的工作生活並沒有什麼關係。其實，現實生活中有很多「蝴蝶效應」的例子，只是你沒有注意到。如果你能好好利用「蝴蝶效應」，將對你的生活產生巨大的影響。

比如某家公司的某個員工被他的主管不公正對待了，過了一段時間，他又被另一個經理羞辱了。於是他決定辭職。在離開公司之前，他把自己的遭遇告訴給了另外三個同事，這三個同事想到了之前類似的遭遇，就打算和他一起辭職。

後來，他們四人決定一起創業，經過幾年的努力，他們的公司發展得越來越好，成了原來公司強有力的競爭對手。又過了幾年，他們的公司業績漸漸超過了原來的公司。原來的公司迫於競爭壓力，只能進行大規模地裁員，導致行業地位一落千丈，最終落得破產倒閉的結局。

這就是典型的「蝴蝶效應」：因為公司某部門的一個主管對下屬的一次不公正的對待，導致了整個公司的破產倒閉。一次看似無關緊要的細微改變，最終卻導致了一場巨大的變革。

又如，如果你是一個業務員，亦或是一個與經營有關的行政人員，當你和一個新朋友第一次見面時，他會介紹自己叫什麼。這時候，你可以強制自己記住他的名字，並且在之後的交談過程中，自然地叫出他的名字。

因為名字是人在潛意識中最看重的東西，所以如果你能準備無誤地叫出對方的名字，他就會覺得你重視他、喜歡他，從而也會對你好感倍增，認為你是值得信任的交往對象。長此以往，如果你能記住所有新朋友的名字，那你就成了新人際關係的高手了。

這就是記住對方名字的「蝴蝶效應」！

善的循環產生蝴蝶效應

在紐約有位盲女搭車，至下車計價器顯示8美元，黑人司機把她扶至大樓的管理站。他說，美女，我不收你錢，因為我比你掙錢容易。

恰巧這時從電梯走出一位老闆模樣的人，看到了這一幕，上車後，一路暢談。至下車計價器顯示17美元，下車時掏出50美元給司機，然後說：這錢還有剛才那位的，我也不偉大，但掙錢比你也容易點，就希望你能繼續做好事！

在德克薩斯州的一個風雪交加的夜晚，一位名叫克雷斯的年輕人因為汽車拋錨被困在郊外。正當他萬分焦急的時候有一位騎馬的男子正巧經過這裡。見此情景，這位男子二話沒說便用馬幫助克雷斯把汽車拉到了小鎮上。

事後，當感激不盡的克雷斯拿出了一疊鈔票對他要表示酬謝時，這位男子說：「這不需要回報，但我要你給我一個承諾，當別人有困難的時候，你也要盡力幫助他人。」

於是，在後來的日子裡，克雷斯主動幫助了許許多多的人，並且每次都沒有忘記轉述那句「同樣的話」給所有被他幫助的人。

許多年後的一天，克雷斯被突然暴發的洪水困在了一個孤島上，一位勇敢的少年冒著被洪水吞噬的危險救了他。當他感謝少年的時候，少年竟然也說出了那句克雷斯曾說過無數次：「這不需要回報，但我要你給我一個承諾……」

克雷斯胸中頓時湧起了一股暖流。原來，我串起了這根關於愛的鏈條周轉了無數的人，最後經過少年還給了我，我一生做的這些好事，全都是為我自己做的！

這兩則小故事，說明善的循環，也會產生「蝴蝶效應」！

一個女人引發了兩次世界大戰

這個美麗的，幾乎不為人知的，完全無辜的女人，卻在20世紀的兩次世界大戰中扮演了重要的角色，他就是蘇菲・喬特克・霍恩伯格公爵夫人，我敢打賭你們幾乎沒有人聽說過她。但她卻是引發兩次世界大戰的名女人，也是「蝴蝶效應」中最奇特的例子。

她是奧匈帝國的繼承人，奧地利的斐迪南大公愛上並與之結婚的女人。

她不是皇室，那又怎樣，他最終成為了公爵夫人，比許多皇室的地位更尊榮。但是在當時的皇室禮儀中，即使是奧匈帝國的未來君主，也不能讓自己的妻子參加皇家儀式。

雖然斐迪南大公是個獨裁者，但他有一個可取之處——他深愛著他的妻子。於是，這個愚蠢的規則有了一個例外，在斐迪南擔任奧匈帝國陸軍總督察期間，他允許妻子可以在公開場合陪伴在他身邊。

這也是大公決定前往波士尼亞視察軍隊的主要原因，因為這樣他的妻子就可以在公共場合陪在他身邊。

他傻乎乎地坐了一輛敞篷車，好讓每個人都能看到他們倆在露天場地秀恩愛。後來，他被塞爾維亞民族主義者加夫里洛・普林西普暗殺了，普林西普跑到那輛敞篷車上，近距離射殺了他們兩人，當場斃命。

奧匈帝國要求塞爾維亞無條件道歉，如若不然，就出兵塞爾維亞。可是，塞爾維亞認為對這次暗殺很無奈，因為塞爾維亞官方並沒有參與，所以拒絕道歉。

於是，奧匈帝國隨後對塞爾維亞宣戰。而俄羅斯作為塞爾維亞最大的盟友，隨後也只好對奧匈帝國宣戰。接著連鎖反應起了作用，德國作為奧匈帝國的盟友對俄國宣戰。當時法國和英國作為俄國的盟友對德國宣戰。

這裡必須指出的是，除了奧匈帝國向小國塞爾維亞宣戰，沒有人會想到世界會因此捲入到一場曠日持久的混戰中。

這些國家之間的所有其他宣戰都不是自願的，它們受到安全條約的約束，一旦盟國遭到侵略，它們會互相救助。英國、法國和俄國是協約國，德國和奧匈帝國是同盟國，這就形成被綁在一條繩子上的蚱蜢了。

於是，各位帥哥美女們，第一次世界大戰爆發了，雖然《凡爾賽條約》並不像人們想像的那樣具有懲罰性，但是德國的經濟最終還是崩潰了。德國經濟的崩潰讓阿道夫・希特勒上台執政，他上台後悍然發動了第二次世界大戰，讓無數的世界人民再次捲入戰爭的痛苦漩渦之中。這都肇因於奧匈帝國蘇菲公爵夫人所引發的「蝴蝶效應」。

活在當下、珍惜自己

我們大多數的人在生活中都不會特別去瞻前顧後，而總要在事情發生過後才來後悔，或不斷的活在生活的恐懼之中退縮下去，而有人可以突破現況去改變，是因為每個人所生長的環境和所遭遇的狀況不一樣才會讓自己這樣子的，韓非子說：人的本性皆是趨利而避兇的，因為眼下的你不會去思考，不會去想。

二〇〇四年所發行的電影【蝴蝶效應】的故事情節證明即使是微不足道的差異，也可能帶來難以停止的大災難，該片的關鍵點在於男主角永遠不滿足現狀，不斷地回到過去改變歷史，但是結果卻造成更多無法預見的影響，於是他一再回到過去，拼命和時間競賽，試圖再來修正這樣的傷害……

不過我們卻沒有這麼的幸運有這樣的能力，祇能不斷的思考或改進我們的命運或人生的方向，也許你還在躊躇不前在原地踏步，也許你過的有自己的方向，也許太多的也許，也許是「對」的決定，也許是「錯」的決定，但人生的可貴和奧妙也是在這裡，因為你永遠遠也不知道，你的下一步是面對到了什麼樣的日子，什麼樣的人，什麼樣的事情，沒人能知道？

因此，沒人能決定你的人生，也沒有人能夠代替你、去過你的人生。我們只能活在當下，珍惜自己。

第三章

多米諾骨牌效應

——一次行為的破壞，會被無限放大。

多米諾骨牌與蝴蝶效應

多米諾骨牌效應和蝴蝶效應區別為：系統不同、起源不同、引起因素不同。

一、系統不同

（1）多米諾骨牌效應：在一個相互聯繫的系統中，一個很小的初始能量就可能產生一系列的連鎖反應。

（2）蝴蝶效應：是指一個動力系統中，初始條件下微小的變化，能帶動整個系統的長期的巨大的連鎖反應。

二、起源不同

（1）多米諾骨牌效應：宋宣宗二年（一一二〇年），民間出現了一種名叫「骨牌」的遊戲。這種骨牌遊戲在宋高宗時傳入宮中，隨後迅速在全國盛行。

（2）蝴蝶效應：美國氣象學家愛德華・洛倫茲（Edward N.Lorenz）一九六三年在一篇提交紐約科學院的論文中分析了這個效應。

三、引起因素不同

（1）多米諾骨牌效應：是由一個已知的、蓄意的、可控因素所連鎖引起。

（2）蝴蝶效應：是由一個未知的、突發的、不可控因素所連鎖引起。

「多米諾骨牌效應」指的是一系列的連鎖反應，即「牽一髮而動全身」。

宋宣宗二年（一一二〇年），民間出現了一種名叫「骨牌」的遊戲。這種骨牌遊戲在宋高宗時傳入宮中，隨後迅速在全國盛行。當時的骨牌多由畜牧動物的牙骨製成，所以骨牌又有「牙牌」之稱，民間則稱之為「牌九」寓意「牌救」，牌裡面所蘊含的哲理，足以拯救蒼生以及拯救和提醒人類停止那些衝動的做法。

一八四九年8月16日，一位名叫多米諾的義大利傳教士把這種骨牌帶回米蘭。作為最珍貴的禮物，他把骨牌送給了小女兒。多米諾為了讓更多的人玩上骨牌，製作了大量的木製骨牌，併發明瞭各種的玩法。不久，木製骨牌就迅速地在義大利及整個歐洲傳播，骨牌遊戲成了歐洲人的一項高雅運動。

後來，人們為了感謝多米諾給他們帶來這麼好的一項運動，就把這種骨牌遊戲命名為「多米諾」。到19世紀，多米諾已經成為世界性的運動。在非奧運項目中，它是知名度最高、參加人數最多、擴展地域最廣的體育運動。

從那以後，「多米諾」成為一種流行用語。在一個相互聯繫的系統中，一個很小的初始能量就可能產生一連串的連鎖反應，人們就把它們稱為「多米諾骨牌效應」或「多米諾效應」。

多米諾的骨牌效應

楚國有個邊境城邑叫卑梁，那裡的姑娘和吳國邊境城邑的姑娘同在邊境上採桑葉，她們在做遊戲時，吳國的姑娘不小心踩傷了卑梁的姑娘。卑梁的人帶著受傷的姑娘去責備吳國人。吳國人出言不恭，卑梁人十分惱火，殺死吳人走了。吳國人去卑梁報復，把那個卑梁人全家都殺了。

卑梁的守邑大夫大怒，說：「吳國人怎麼敢攻打我的城邑？」於是，發兵反擊吳人，把當地的吳人老幼全都殺死了。

吳王夷昧聽到這件事後很生氣，派人領兵入侵楚國的邊境城邑，攻占夷以後才離去。吳國和楚國因此發生了大規模的衝突。吳國公子光又率領軍隊在雞父和楚國人交戰，大敗楚軍，俘獲了楚軍的主帥潘子臣、小帷子以及陳國的大夫夏嚙，又接著攻打郢都，俘虜了楚平王的夫人回國。

從做遊戲踩傷腳，一直到兩國爆發大規模的戰爭，直到吳軍攻入郢都，中間一系列的演變過程，似乎有一種無形的力量把事件一步步無可挽回地推入不可收拾的境地。在一個存在內部聯繫的體系中，一個很小的初始能量，就可能導致一連串的連鎖反應。這種現象，我們稱之為「多米諾骨牌效應」。

多米諾骨牌是一種遊戲，多米諾骨牌是一種運動，多米諾骨牌還是一種文化。它的尺寸、重量標準依據多米諾骨牌運動規則製成，適用於專業比賽。它的遊戲規則非常簡單，將骨牌按一定間距排成單行，或分行排成一片。推倒第一張骨牌，其餘發生連鎖反應依次倒下，或形成一條長龍，或形成一幅圖案，骨牌撞擊之聲，清脆悅耳；骨牌倒下之時，變化萬化。除了可碼放單線、多線、文字等各式各樣的多米諾造型外，還可充做積木，搭房子，蓋牌樓、製成各種各樣的拼圖。

多米諾骨牌是一項集動手、動腦於一體的運動。一幅圖案由幾百、幾千甚至上萬張骨牌組成。骨牌需要一張張擺下去，它不僅考驗參與者的體力、耐力和意志力，而且還培養參與者的智力、想像力和創造力。

一個微小的力量，也會帶來致命的殺傷力

「多米諾骨牌效應」告訴我們：一個最小的力量能夠引起的或許只是察覺不到的漸變，但是它所引發的卻可能是翻天覆地的變化。這有點類似於蝴蝶效應，但是比蝴蝶效應更注重過程的發展與變化。

第一棵樹的砍伐，最後導致了森林的消失；一日的荒廢，可能是一生荒廢的開始；第一場強權戰爭的出現，可能是使整個世界文明化為灰燼的力量。這些預言或許有些危言聳聽，但是在未來我們可能不得不承認它們的準確性，或許我們唯一難以預見的是從第一塊骨牌到最後一塊骨牌的傳遞過程會有多久。

有些可預見的事件最終出現要經歷一個世紀或者兩個世紀的漫長時間，但它的變化已經從我們沒有注意到的地方開始了。

「多米諾」這個詞現已成為一個國際術語，如多米諾理論、多米諾效應、多米

諾現象，指的是不論在政壇上，還是在商業領域中產生的一倒百倒的連鎖反應。

這種效應的物理原理是：骨牌豎著時，重心較高，倒下時重心下降，倒下過程中，將其重力勢能轉化為動能，它倒在第二張牌上，這個動作就轉移在第二張牌上，第二張牌將第一張牌轉移來的動能和自己倒下過程中由本身具有的重力勢能轉化來的動能之和，再傳到第三張牌上……所以每張牌倒下的時候，具有的動能都比前一塊牌大，因此它們的速度一個比一個快，也就是說，它們依次推倒的能量一個比一個大。

二〇〇九年9月11日美國發生「九一一」恐怖襲擊（死亡人數將近三千人，受傷者有六千多人），世貿中心的坍塌是由於上層樓板坍塌衝擊下一層樓板，導致一層一層的崩潰，最終整棟摩天大樓坍塌。這是個典型的多米諾效應。

金融界的多米諾效應

一九九七年7月2日泰銖大幅貶值，標志著第一張亞洲金融危機的多米諾骨牌的倒塌，這一現象很快在東南亞、東北亞國家引發了連鎖反應。金融危機的多米諾骨牌倒塌繼而從緬甸到菲律賓、從馬來西亞到印度尼西亞、從新加坡到香港、從南韓到日本。隨後衝擊波使俄羅斯成為金融危機的新震區，由此深化蔓延，範圍波及到白俄羅斯、烏克蘭、波蘭、哥倫比亞、巴西、墨西哥、委內瑞拉、智利。

亞洲「流感」使美國也打了幾個「噴嚏」。

美國股市和債市大幅下挫，說明美國在這場金融危機中也不能獨善其身，「山姆大叔」也不能高枕無憂。這一連串的金融危機的多米諾骨牌的倒塌，使這些國家經濟損失慘重，甚至有的國家出現政局動蕩，影響波及擴散到全球。

另外，美國二〇〇九年的金融危機是一個「多米諾效應」，危機發端於投資公司銷售的「次級房貸」金融產品的大幅貶值。

由於金融市場對「次級房貸」產品的旺盛需求，導致銀行為許多不具備償還能力的消費者提供房貸，甚至慫恿業主將房產抵押，將貸款再次投入金融產品，從中獲利。當房屋價格升高時，投資銀行不斷按新的高價，獲得更多的貸款，償還上期的貸。當房屋價格下挫，資金鏈條斷裂，貸款者面臨違約，還不可贖回房產，次級房貸證券也就沒有預期收益而貶值，甚至一文不值。

有一位物理學家曾經製作了一組多米諾骨牌，共13張。最小的一張牌長9.53毫米，寬4.76毫米，厚1.19毫米，還不如小手指甲大，作為第一張。

然後以每張擴大1.5倍的比率，依次設計其餘12張牌。

之所以採用1.5倍這個比率，是因為按照數學計算和物理原理，一張骨牌倒下時能推倒的最大骨牌不超過自己的1.5倍。所以依次算下去，最大的第13張牌長61毫米，寬30.5毫米，厚7.6毫米，相當於一張撲克牌大小，厚度相當於撲克牌的20倍。

這位物理學家按照精確的計算，把這套骨牌按適當間距排好，輕輕推倒第一張，第二張、第三張順次倒下，當第13張骨牌倒下時，其釋放的能量比第一張牌倒下時整整擴大20多億倍。這種能量是以幾何級數的形式增長的，所以可產生巨大的力量。

這是多麼驚人的數字啊！研究者推算，如果繼續製作骨牌，當第32張牌倒下的時候，所產生的力量將足以推倒紐約的帝國大廈！

一張手指甲大小的紙牌，經過多米諾效應的傳導，竟然可以產生如此巨大的力量，不能不說是極大的震撼。這啟示著我們應注意身邊的每一件小事，因為一張小小的紙牌，也可以推倒大廈！

所以說，在工作中出現的問題，有時只是在一些小事上做的不完全到位。而恰恰是這些細節的不到位，又常常會造成較大的影響。

管理學的多米諾效應

遠洋運輸的貨輪性能先進，維護良好，一般不會出什麼問題。但是巴西一家遠洋運輸公司的貨輪卻在海上不幸發生了大火，導致沉沒，全船人都葬身海底，後果十分嚴重。後來，事故調查者從失事海輪的遺骸中發現了一隻密封的瓶子，裡面有一張紙條，上面寫了21句話，看起來是全船人在最後一刻的留言。人們驚奇地發現，這些水手、大副、二副、管輪、電工、廚師和醫生等熟知航海條例的人，竟然私下裡幹了不少錯誤的事：有人說自己不應該私自買了檯燈，有人後悔發現消防探頭損壞時卻沒有及時更換，還有人發現救生閥施放器有問題卻置之不理，有的是例行檢查不到位，有的是值班時跑進了最後船長寫了這樣一句話：發現火災時，一切都糟透了。平時，我們每個人犯了一點點小錯誤，都沒有在意，積累起來，就釀成了船毀人亡的大禍。小的漏洞沒有堵住，最終可以導致一艘性能良好的海輪沉沒，同樣可以毀掉一個本來運轉良好的公司！

「多米諾效應」也提示我們在管理上必須發現小毛病，防止大災難。

「多米諾骨牌效應」告訴我們：一個最小的力量能夠引起的或許只是察覺不到的漸變，但是它所引發的卻可能是翻天覆地的變化。

有些可預見的事件最終出現要經歷一個世紀或者兩個世紀的漫長時間，但它的變化已經從我們沒有注意到的時候開始了。防微杜漸，才能避免事態像多米諾骨牌一樣脫離控制、瞬間傾倒。

第四章

窮人定律

——比窮人更可怕的是「窮人思維」。

「窮人定律」是何物？

根據「二八定律」，這個世界上，只有20％左右算是富人，而絕大部分的80％則屬於窮人。富人之所以能夠賺到錢，最大的原因就是他們身上有許多窮人不具備的特質，比如勤奮、努力、愛學習、勇於嘗試、善於抓機會等等。反觀窮人，更多的人選擇了安逸，覺得自己再怎麼努力也不過就是那樣，很難混出頭來。這種選擇認命的人不少，其實不過都是在給自己偷懶找藉口。

我一直堅信，在當今社會，只要你不好吃懶做，絕對能比別人賺到更多的錢。同時你看坊間有著數不勝數的致富寶典、讓人可以瞭解富人必須具備什麼條件、擁有什麼特質？才能走上成功的創富之路……

既然富人身上有特徵，那麼窮人亦是如此。

根據「窮人定律」越混越窮的人，往往會有這六個特徵：

一、不想改變自己的人

明明他辦事的方法是不正確的、是沒有效率的，可經旁人提醒或指正，僅管表面上唯唯諾諾，可實際上卻依然我行我素，跟本不想調整自己的方向，這種人骨子裡總是「自以為是」，而且他們很聰明，會找出抗拒改變的理由。其實，說穿了就是典型不想改變自己的人。

二、不置可否的人

這種人是屬於頑劣分子，凡事我行我素、固執己見，可他對別人的建議，也不會反駁或正面提出說明。所以身邊的人對他簡直毫無辦法，因為他只會一味沉默（會被誤以為像是在傾聽你的意見），因此你跟本和他吵不起來，你辦公室如果有個不置可否的人，那他可能就是一個麻煩人物！

三、死要面子的人

很多窮人他們尤其在乎自己的面子，比如說朋友一起去聚餐，在飯局酒桌上，叫買單最凶的人，一般都是窮人。叫得雖然大聲，但就是久久不見掏出錢包，一直等著別人來跟他「搶」單，才會把捏在手上的帳單「客氣地」讓給別人，口中還念念有詞：「那下次……一定……要讓我來哦……」如此大言不慚，真是一個丟人現眼的傢伙。

許多窮人越混越窮，實際上就被面子所牽累了。為了顯擺裝潤。還有人為了滿足自己的虛榮心，分期付款買了一個超出自己能力範圍的車子。開出去被人羨慕，被人誇的時候倒是很舒服，可是到了還貸款時，所有的苦卻只有自己知道，還不能張揚。反而把自己該擁有的基本生活品質都給砸了，這就是外表穿西裝，內裡破衣褲的實況：死要面子！

所以說，對自己的定位一定要準確，別為了面子去幹一些超出自己能力和經濟範圍以外的事情。

四、只會做白日夢的人

越混越窮的人，總奢望自己能夠一夜暴富，為什麼呢？因為，這是他們偷懶的最佳藉口。既然馬上就要暴富了，何必還去那麼辛苦工作呢？每天只會坐在大樹下看兔子會不會跑出來「守株待兔」，或是天上會掉下來餡餅「白吃的午餐」……

喜歡做白日夢，還沉浸其中無法自拔，導致現實中的自己不願意走出舒適圈，開始展現出人的惰性，這也是人類最卑劣的一種行為。

我想說的是，萬一你中了樂透，使你一夜暴富，但若是你坐吃山空，早晚也會一無所有！也有人會因此會沉迷於「幸運」，愈賭愈大，大到負債累累，跑路上吊去了。人到底還是得靠自己，整天痴心空想，除了安慰自己以外，毫無用處。

五、患得患失、執行無力的人

越混越窮的人，總是喜歡患得患失、猶豫不決。雖然他有一顆想奮鬥的心，也很有想法，但就是不敢執行或是無力執行，這種人就是典型的思想上的巨人，現實中的侏儒，注定只能在徘徊和彷徨中過著越來越窮的日子。

有了計劃，卻老擔心投入的精力和金錢會得不到回報，造成損失，所以不敢去做。若是所有人都像你一樣這樣想，那麼又怎麼可能有王永慶、張榮發這些靠著努力打拼發家的大富豪呢？

在還沒有開始之前就想著自己會失去什麼，能得到什麼，典型的得失心太重，優柔寡斷，也是屬於幹不了大事的傢伙。

六、活在自己世界裡的人

越混越窮的人，往往都是一些不思上進，沒有進取心的人。他們只願意活在自己的世界裡，不想面對未知的恐懼，也不從奢望去看看外面的世界。最起碼，他們自己從沒打算邁出這一步，除非有人在旁邊保駕護航。

安逸的日子過久了，就不太想改變現狀，人之常情，但也正是貧窮的開始。做人，還是得往前走，原地不動，那就只能等著被淘汰。現在社會，諸多的年輕人為什麼都選擇了躺平？說穿了，還不是做事懶散，做人偏激！

就是因為看不到生活的希望，買不起房，買不起車，更負擔不起未來。所以，現實逼迫他們只能乖乖待在自己的世界裡，一個人吃飽全家不餓，勉強還能維持生活。不過，說穿了，還不是逃避現實的傢伙。

人生就是負重向前行（德川家康語）

「迫於形勢，無可奈何」可能是絕大多數人給自己的理由吧，但一樣有許多人選擇繼續負重前行，為了我們的下一代和自己的家人去努力奮鬥。

沒錢就賺，沒車就賺錢買，沒房那就慢慢存錢，總有能買得起的時候。

勇於走出舒適圈，向生活發起挑戰的人，永遠值得我們尊敬，更值得選擇安逸的人去好好學習。

沒有誰天生就是窮人，就算你出生不好，但一樣可以通過自己的努力來改變這一切。人生幾十年，什麼都有可能發生，別小看了自己。當你自我設限，自我否定的時候，那才是真的完了。

總之，窮人嘛，就是缺錢的人。但「窮人思維」不一定只有窮人有。

多和少都是相對的，窮人缺錢，但他們和富人擁有的時間完全一樣。所以，窮人就是那種錢「絕對」少，但時間「絕對」多的人。從經濟學的角度上講，你缺什麼，就會把什麼看得特別重；不缺什麼，就會把這個什麼的價值看得特別輕。

重要的是：要先擺脫窮人思維

用經濟學的觀點來說，窮人思維往往過於注重「沉沒成本」。什麼叫沉沒成本？就像你明明愛上了一個爛人，卻因為已經付出的感情，時間和物質而捨不得沉沒成本，寄希望於等待和改變。

舉個簡單的例子，你花了三十元買了一個蘋果，咬了一口發現是爛的，你卻因為捨不得花掉的錢，堅持要將整個咽下。人們總是忘記不管你怎麼選擇，三十元都不會再回來了，而你卻偏偏還要再多吃一個爛蘋果。

另外，有一個有趣的現象叫「買鞋定理」：假設你在商場買了雙鞋，大小沒問題，但真正穿的時候又發現夾腳，退也退不掉，於是，你會經歷下面的心理掙扎：

（一）不甘心定理：這雙鞋對你而言越貴，你嘗試穿一下的次數也就越多（換句話說，你越窮，受的罪越多）；

（二）僥倖定理：你確定穿不了了，那麼這雙鞋越貴，放在你家裡占地方的時間就越長（擺著，捨不得丟掉）；

（三）絕望定理：無論你放多長時間，總有一天，你還是都會把它扔了。

於是，鞋的惡夢結束了，世界清靜了，但可早知今日，何必當初？

對此，富人思維則完全相反：花錢，要麼是為了賺錢，要麼是為了享受，兩樣都不搭的事，就不值得白白浪費精力。當然，這種「時間不值錢」的窮人思維，往往只在人生過渡期對我們產生影響。但如果因此而產生了思維慣性，那這輩子就沒那麼好擺脫了。所以，不要讓自己的人生走入「貧窮思維」的困境。

哈佛大學一個教授說在工業化之前，歐洲的農民，一年之中只有三分之一的時間用於生產，而有三分之二的日子是用來串門子或者慶祝過節。

換句話說，正是因為他們的懶散，所以導致了貧窮。

但是，這種觀念顯然不符合當今的國情。如今，在我們周圍隨時都能看到一直努力工作但仍然無法擺脫貧窮的人，而且他們是越忙越窮。

很多人不明白這是為什麼，甚至會抱怨——為什麼富人能在一生中積累巨大的財富？闊佬究竟擁有什麼別人沒有的特殊技能？

當翻看這些富翁的財富積累歷程，你就會發現，窮人和富人的思維差距並沒有我們想像的那麼大。只要能夠掌握正確的思維觀念，並且用到實踐中，若干年之後就有可能成為百萬富翁。

為什麼我還是窮人？

那麼，到底是為什麼你身邊那麼多人，只有你是窮人呢？

你是不是真的很窮呢？

猶太人的智慧與財富是全球公認的。

猶太人總會問孩子們一個問題：「假如有一天你的房子被燒了，你的財產就要被人搶光，那麼你將帶著什麼東西逃命？」

孩子們的回答是各式各樣：錢、鑽石、各種珍寶。

可這些都不是最好的答案。

真正的答案是「智慧」，智慧無論如何都是別人搶不走的。只有智慧才是永恆的財富，它能引導人走向成功，而且永遠不會變窮。

首先要認清自己，為什麼會沒錢？為什麼老被人家說自己窮？那是因為你從根本上就沒有認清自己想要什麼，沒有認真思考自己是否能夠成功。

對自己要有自知之明！

欲望是成功的動力，對一個人能否成功有很大的牽引作用。所以，人應該要有一些「非分之想」，這裡所謂的非分之想從人的內心中會激發出對財富的欲望，使自己能夠對財富有一定的敏感度。

這種敏感度對機會把握的十分到位，很多人就是沒有這種先於別人的認知，致使機會和財富跟自己擦肩而過。「成大事者不拘小節」這句話應該是富人用來麻痺其他人的，凡是哪個成功的人，不是把握細節。如果連一件小事都做不好，那麼遇到好的機會也會白白浪費掉的。

在我們的周遭，你不難會發現，有些人老會凡事都說「等一下！」不管要做什麼事，他老兄就是會來一個「等一下！」於是，過了一段日子，或是幾年了，你還是會看見這位老兄依然還在「等一下！」而一事無成，因為你一輩子都在「等一下」了。所以，千萬不要對自己說「等一下！」

如果你的起步比別人晚，那麼從現在開始每天要大量行動，你要積極地去思

考，如何比別人捷足先登，這就是前瞻性的思考。

做每一件事情都要比別人早一步，都要比別人更迅速地掌握未來的動態、未來的資訊、未來的走向。面對加班，面對難以完成的工作，如果一味的抱怨，消極怠工，就會被勤奮的人遠遠地落在後面。

不必「等一下！」你才能比別人更有前瞻性，比別人的眼光更長遠。

不要安於現狀

同時，我們還要提醒自己——「安於現狀」是成功最大的敵人。

很多人說：「只要安安穩穩地過一輩子，錢再多也帶不走。」這只是不去努力的人給自己的心理安慰，安於現狀會讓一個人失去追求卓越的能力。

一個人本來可以對工作十分熱情，可是卻因為安於現狀，導致對生活都沒了激情。窮人就是因為安於現狀，才看不到更高的目標。在取得一點點成績之後，窮人只會沾沾自喜，從而停止前進的步伐，結果被更多不安於現狀的人超越，因此永遠淪落為一個窮人。

猶太人的智慧經典《塔木德》中所說：「與其默默無聞地埋頭苦幹，不如多動些腦子！」

所以，怎樣用你的智慧擺脫沒錢的困境，這才是最關鍵的！

趕快行動吧！這樣你以後就不會覺得身邊那麼多人，為什麼只有我是窮人！

佛要金裝、人要衣裝

永遠不要相信一個穿著破皮鞋和不擦皮鞋的人。——華爾街俗語

低頭看看他腳上穿的，就知道他真實的身份。——英國鞋商

很多時候，鞋子是一種身份的象徵！所以，朋友們，請低頭看看你的鞋子！

多倫多華人律師亞蘭，有一次在社交場合遇到了一位大都會人壽保險公司的銷售員鮑伯先生。

兩天後的周末，鮑伯如約前往亞蘭家。亞蘭打開大門，迎進了西裝革履、髮型整齊、滿臉微笑的鮑伯。

「一個地道的保險推銷員形象，大都會人壽保險公司真不愧為第一流保險公

司。」亞蘭暗自稱贊。

當鮑伯與亞蘭坐在沙發上時，跳入亞蘭眼帘的首先卻是鮑伯腳下那一雙已經變了形的舊皮鞋。它破舊、毫無光澤，充滿多道皺紋，與光鮮的西服毫不相配。亞蘭不禁大失所望。

當鮑伯移動身體時，亞蘭心中為他那高質量的毛料西褲而祈禱：「千萬別讓這麼好的褲子去擦那雙早已該進垃圾堆的破皮鞋。」

盡管鮑伯用極好的口才不厭其煩地介紹了多個適合於亞蘭的保險政策，亞蘭的思維卻全在那雙如同木乃伊一般的破皮鞋上。

後來，亞蘭談到這段經歷時認為：「在我們律師事務所，任何加拿大的律師都穿著閃亮如新的皮鞋。鞋，是一種身份的象徵！」

穿著破皮鞋的人，只有兩種可能：

一、是他買不起新鞋。那麼，他一定是一個不成功的銷售員；

二、是他捨不得買新鞋。那麼，他一定是個吝惜金錢的小氣鬼。

無論是哪一種可能性，他都不會取得我的信任。「因為保險公司所賣的是信譽，而保險的信譽首先來自對銷售人員的信任度。」

大多數情況下，人們不是買不起或者捨不得買新鞋，而是由於他們感到舊鞋穿著最舒服。但是，一雙舊鞋帶來的可怕後果卻是穿舊鞋的人永遠不可能想到的！它能夠輕易地毀壞你的形象，趕走你的商機，把你的辛勤工作結果無情地拋棄，它讓別人從心底悄悄地鄙視你，在大腦中可怕地揣測你的成長，用陰暗而懷有惡意的幻想把你生活的背景塗黑。

不要責備人們的膚淺，不要說他們是勢利眼。因為人們更相信你的鞋，而不是你！即使你身上穿著頂級名牌西服，手上戴著價值昂貴的飾物，不論它們是多麼精緻、巧妙、完美地搭配，一雙破舊的、沾滿塵土的皮鞋，就可以輕易抹去你身上的所有光彩。

英國一位世代做皮鞋生意的商人說：「在人際關係中，只要低頭看看他腳上穿的，就可以知道他真實的身份。」

在古羅馬，人們也用鞋來標誌一個人的身份。只有出身高貴或者良好教養家庭的人會在成長中被教育說：鞋是一個人的身份象徵之一。閃亮、優質的鞋，彷彿意味著傑出、優秀、可信的品格和人格。

然而，大多數人卻常常忽略了腳下，而把全部的努力放在西服、領帶、襯衣、飾物上，他們會認為鞋是微不足道的，沒有人會把目光集中在你的腳下。

是的，當你的腳下不是消極地引人注目時，人們不會盯住你的腳下不放。但是，一旦你的破鞋「脫穎而出」，就不要期望人們會忽略它。

從一雙皮鞋就能夠推測出穿鞋者的誠實度，聽起來是多麼的不可思議。然而，在華爾街上流行那句：「永遠不要相信一個穿著破皮鞋和不擦皮鞋的人。」

這句話，實際上是說穿鞋者的品行和可信度就如同鞋的質量一樣，它告誡人們不要把錢交給穿破舊皮鞋的人管理。

可見，穿鞋的目的不僅僅是為了要舒服，它是人們在對你的成就、可信度、社會背景、教養等方面的又一個重要檢驗標準。

形象是你的品牌

在美國的一次形象設計的統計調查中，有80%的人認為穿著保養好的鞋給人以良好積極的印象。對女人來說，鞋是判斷男人的一個敏感的檢測器。另外，在美國、加拿大、英國的成功女性朋友時，她們表示鞋能夠讓女人們迅速地捕捉男人的地位、個性、自尊、品位、出身等信息。

甚至在美國紐約，有一位女作家聲稱：「如果一個男人能愛護自己的鞋，他也能愛護你。」

雖然這話有點太過了，但仔細想一想，一個男人若能很在意自己的鞋，至少說明他也會在意自己、在意別人、在意生活中的細節。

那麼，我們可以由此邏輯地推測：他可能有責任心，而且可能很可靠，甚至可能有情調，會有發展的潛力。

其實，成功的人大都有著成功的人生：成功的形象、成功的人際關係、成功的生活方式、成功的思維方式。這幾者之間是互相作用、相輔相成的。

成功的男人不僅僅有雄厚的銀行賬號，他們不滿足於僅僅是優秀，他們追求卓越，需要不斷地超越現有的狀態，這些都會表現在生活的細節上。

一個完善的成功者不但敬業、有責任心，而且有情調、懂得生活，懂得作為一個出色的都市男人與一個原始的粗野男人的區別，他們會花一點精力培養自己的格調，創造自己的形象。

所以，你出門時，不妨先看一看自己的腳下，不要讓一雙不堪入目的破、舊、髒的鞋成為毀壞你形象的「蟻穴」。精心保養的鞋應該是發亮的，沒有顯著、突出的皺紋。不要幻想別人會忽視你的腳下，每日都應該保持擦皮鞋的習慣，一雙沾滿了灰塵的破舊皮鞋，是會對你精心設計的形象產生很大的折扣。

在華爾街工作的華人吉姆，七年前參加一次金融研討會。他在就座後發現有些人的目光在自己的腳上多停留了一會，過分地被人注意引起了他的不安。突然間，他意識到自己身邊的人沒有一個穿白襪子，而自己那雙醒目的童子軍白襪子如同鶴立雞群般地突兀。

吉姆不能忘記那天的尷尬，整個上午，他努力把腳向後縮，不讓人看到那雙該死的襪子。那是一個充滿焦慮、不堪忍受的上午！吉姆的心思全在這雙該死的白襪子上。到了中午，他衝出大樓，買了一雙黑襪子換上，才如釋重負。

也有人不以為然地認為：「邁克・傑克遜還穿白襪子、黑褲子呢！」的確是這樣，但傑克遜是一個搖滾歌手，本來就是要標新立異，以奇裝異服、與眾不同的風格來吸引追隨者，一雙開口的黑便鞋加上一雙奪目的白襪子，成了邁克・傑克遜的代表符號和品牌。

在邁克的身上是藝術，在我們的身上就是缺乏商業形象的知識和不具有品位的表現。如果你熱愛並追隨歌星的風格，就不該投身於商界和政界，更不要再做進入高級管理階層的美夢。

美國形象設計師凱賓斯基《紅襪子不工作》一書中把男子穿著短襪，以至於露出腿上的汗毛作為「穿衣之大罪」，英國人也有「紳士不露腿毛」的俗語。

顯然，注重細節是要付出精力和代價的。正是這些被大部分人所忽略的細節，可以讓我們辨別一個外表成功的人是精緻、還是普通，是卓越完美、還是剛剛脫離失敗之圈。

一個成功的形象，帶給人們的是積極的正能量：自信、尊嚴、力量、能力！通過你的穿著、微笑、目光接觸、握手，一舉一動，都讓你渾身散發著一個成功者的魅力！

然而形象，不是簡單的穿衣、外表、長相、髮型、化妝的組合概念，而是人的綜合素質的表現，一個外表與內在結合。

包括你的穿著、言行、舉止、修養、生活方式、知識層次、家庭出身、你住在哪裡、開什麼車、和什麼人交朋友等等。

當今激烈競爭的社會中，一個人的形象遠比人們想象的更為重要。讓你的個人消費增值，投資你的形象就是投資你的未來！你今日的形象決定你明日的收入！

別陷入跳蚤思維

有個生物學家，也是科學家他曾經做過這樣一個實驗：他在一個玻璃杯裡放進一隻跳蚤，發現跳蚤立即輕易地跳了出來。再重複幾遍，結果還是一樣。

接下來實驗者再把這隻跳蚤放進杯子裡，不過這次是立即同時在杯子上加一個玻璃蓋，「嘣」的一聲，跳蚤重重地撞在玻璃蓋上。

跳蚤十分困惑，但是它不會停下來，因為跳蚤的生活方式就是「跳」。一次次被撞，跳蚤開始變得聰明起來了，它開始根據蓋了的高度來調整自己所跳的高度。

再一陣子以後呢，發現這隻跳蚤再也沒有撞擊到這個蓋子，而是在蓋子下面自由地跳動。

一天後，實驗者開始把這個蓋子輕輕拿掉，跳蚤不知道蓋子已經去掉了，它還是在原來的這個高度繼續地跳。

一個禮拜以後發現，這隻可憐的跳蚤還在這個玻璃杯裡不停地跳著——其實它已經無法跳出這個玻璃杯了。

現實生活中，是否有許多人也過著這樣的「跳蚤人生」？年輕時意氣風發，屢屢去嘗試成功，但是往往事與願違，屢屢失敗以後，他們便開始不是抱怨這個世界的不公平，而是懷疑自己的能力。他們不是不惜一切代價去追求成功，而是一再地降低成功的標準——即使原有的一切限制已取消。

就像剛才的「玻璃蓋」雖然被取掉，但他們早已經被撞怕了，不敢再跳，或者已習慣了，不想再跳了。

人們往往因為害怕去追求成功，而甘願忍受失敗者的生活。

難道跳蚤真的不能跳出這個杯子嗎？絕對不是。

只是它的心裡已經默認了這個杯子的高度是自己無法逾越的。

讓這隻跳蚤再次跳出這個玻璃杯子的方法十分簡單。

只需拿一根小棒子突然重重地敲一下杯子；或者拿一盞酒精燈在杯底下加熱，當跳蚤熱得受不了的時候，它就會「嘣」的一下，跳了出去。

人有些時候也是這樣。很多人不敢去追求成功，不是追求不到成功，而是因為他們的心裡面也默認了一個「高度」，這個高度常常暗示自己的潛意識：我是不可能成功的。

所以，我想你一定已經知道了自己為什麼不富有了。千萬不要再自我設限。大聲地告訴自己：我是最棒的，我一定會成功！

野心才是富人的資本

在序文中提過，法國有一位年輕人很窮，很苦。後來，他以推銷裝飾肖像畫起家，在不到10年的時間裡，迅速躋身於法國50大富翁之列，成為一位年輕的媒體大亨。不幸，他因患上前列腺癌，一九九八年去世。他去世後，法國的一份報紙刊登了他的一份遺囑。

在這份遺囑裡，他說：

我曾經是一位窮人，在以一個富人的身份跨入天堂的門檻之前，我把自己成為富人的秘訣留下。

誰若能通過回答「窮人最缺少的是什麼」而猜中我成為富人的秘訣，他將能得到我的祝賀，我留在銀行私人保險箱內的100萬法郎，將作為睿智地揭開貧窮之謎的人的獎金，也是我在天堂給予他的歡呼與掌聲。

遺囑刊出之後，有18461人寄來了自己的答案。

這些答案，五花八門，應有盡有。

絕大部分的人認為，窮人最缺少的當然是金錢了，有了錢就不會再是窮人了。另有一部分人認為，窮人之所以窮，最缺少的是運氣，窮人之窮是運氣不好。還有一部分人認為，窮人最缺少的是技能，一無所長所以才窮，有一技之長才能迅速致富。還有的人說，窮人最缺少的是幫助和關愛，是漂亮，是名牌衣服，是總統的職位等等。

之後，在這位富翁逝世周年紀念日，他的律師和代理人在公證部門的監督下，打開了銀行內的私人險箱，公開了他致富的秘訣——

他認為：「窮人最缺少的是成為富人的野心。」

在所有答案中，有一位年僅九歲的女孩猜對了。

為什麼只有這位9歲的女孩想到窮人最缺少的是野心？

女孩接受100萬法郎的頒獎之日，她說，「每次，我姐姐把她11歲的男朋友帶回家時，總是警告我說：不要有野心！不要有野心！於是我想，也許野心是一種可以讓人得到自己想要得到什麼的東西。」

謎底之後，震動法國，並波及英美。

一些新貴、富翁在就此話題談論時，均毫不掩飾地承認——

野心是永恆的「治窮」特效藥。

野心是所有奇跡的萌發點。

其實，野心才是富人真正的資本。窮人之所以窮，大多是因為他們有一種無可救藥的弱點，也就是缺乏致富的野心。

成功的捷徑是積累

泰國有個叫奈哈松的人，一心想成為大富翁，他覺得成功的捷徑便是學會煉金術。他把全部的時間、金錢和精力都用在了煉金術的實踐中。

不久，他花光了自己的全部積蓄，家中變得一貧如洗，連飯也吃不上了。妻子無奈，跑到父母那裡訴苦，她的父親決定幫女婿改掉惡習。

於是，他對奈哈松說：

「我已經掌握了煉金術，只是現在還缺少煉金的東西。」

「快告訴我，還缺少什麼東西？」

「我還需要3公斤從香蕉葉下搜集起來的白色絨毛，這些絨毛必須是你自己種的香蕉樹上的，等到收完絨毛後，我就可以告訴你煉金的方法了。」

奈哈松回家後立即將已荒廢多年的田地種上了香蕉，為了盡快湊齊絨毛，他除了種自家以前就有的田地外，還開墾了大量的荒地。

當香蕉成熟後，他小心地從每張香蕉葉下搜刮白絨毛，而他的妻子和兒女則抬著一串串香蕉到市場上去賣。

就這樣，10年過去了，他終於收集夠了3公斤的絨毛。

這天，他一臉興奮地提著絨毛來到岳父家，向岳父討要煉金之術，岳父讓他打開了院中的一間房門，他立即看到滿屋的黃金，妻子和兒女都站在屋中。

妻子告訴他，這些金子都是用他10年裡所種的香蕉換來的。

面對滿屋實實在在的黃金，奈哈松恍然大悟。

從此，他開始珍惜身邊的機會，不再好高騖遠，終於成了一方富翁。

在現實生活中，很多人都想一夜致富，或者一步就找到成功的捷徑。

其實，這基本上是不可能的。

惟有腳踏實地走好每一步，你才能得到你想要的東西。

我們的生活處處都充滿了選擇。

選擇是量力而行的睿智和遠見，學會了選擇就學會了審時度勢、揚長避短、把握時機，成功快樂就一定會伴隨你！

分享大師的成就

最後，我們還要告訴您一個小故事——

曾經，有一位世紀級的頂尖推銷高手，被公認為是全球最會推銷的業務員，有許許多多的人們，都想從他身上挖出一些推銷成功的秘訣。但這位頂尖的推銷高手卻總是密而不宣，他說，如果和別人分享自己的推銷成功秘訣，那他以後可能就很難混下去了，他深怕別人偷學了他的功夫之後，會反過來與自己競爭，所以他堅持，保留私藏的獨門推銷成功秘訣。

經過數十年，這位大師級的推銷員，也已經70幾歲了。他周遭許多的朋友不斷地試著說服他：「大師，這幾十年來，你年年的銷售業績都保持著世界之冠，所累積的財富也十分驚人，是否有考慮宣布退休了？如果想退休，可不可以把你的獨門推銷成功秘訣，公諸於世。也好幫助一些一直想要成功，而找不到方法的年輕人呢？」

大師面對這樣的請求，陷入了沉思當中；思考許久，他終於決定。的確該是時候退休了，既然要退休了，那也就沒有所謂的「競爭對手」了；所以他決定把自己的成功祕訣公開出來，與大眾分享，順便也能獲得社會大眾肯定的讚賞。

一經決定，大師立刻發布消息，要舉辦一個大型的「個人退休發表會」。而且，將在發表會中，把自己的推銷成功秘訣，毫不保留地公諸於世。

消息一經公布，雖然入場門票的費用極高，但由於大師的知名度遍及全球，馬上吸引大批慕名而來的仰慕者，每個人爭先恐後的搶購門票，唯恐錯失這一次能學到大師秘笈的唯一機會。畢竟，這是大師終其一生，所累積的成功經驗，花再多的錢，也是值得的。

發表會如期舉行，整個會場擠得水洩不通，場面相當浩大壯觀。節目一開始，大師開門見山的說道：「各位今天來到這裡，絕對不是要與我一同慶祝我的退休及成就。我想，各位主要的目的，還是想來學習我的頂尖推銷秘訣。」眾人一聽大師這麼乾脆的開場白，完全沒有繞圈子的迂迴話術，當下立刻紛紛報以熱烈的掌聲。

大師看眾人回應如此熱烈，馬上接著道：「好，今天在這裡，我就公開我30餘年來的成功秘訣。」話剛說完，只見大師用力拍了一下雙手，「啪」地一聲，整個會場立即暗了下來。經過幾秒鐘之後，只見一盞大型聚光燈打在舞台上，四名彪形大漢扛著一個巨型鐵架，緩緩走了出來。再仔細一看，鐵架下面，懸著一條極粗的鐵鍊；而鐵鍊底下，則掛著一個十分碩大的鐵球。以那個鐵球的體積看來，鐵球的重量，最起碼也在四、五百公斤上下，彪形大漢們將鐵架及鐵球，扛到台上大師的身旁放下，其中一名大漢伸手，交給大師一柄小鐵鎚之後，彪形大漢就退下了。

這時台上的大師，揚起小鐵槌，告訴台下的聽眾，若有誰能夠用小鐵槌敲擊大鐵球，而使大鐵球晃動分毫，大師就願意提供一萬美金的獎金，做為獎勵。

經大師這麼一宣布，當下群情聳動，台下的聽眾們各個躍躍欲試，馬上有20餘人衝上台去，準備敲動大鐵球，好領取那一萬美元的高額賞金。不過，這20餘人在一一嘗試後，皆因大鐵球著實太重，而紛紛作罷放棄。

大師微笑著，從最後一名嘗試者手中接過小鐵槌，放在地上。對聽眾宣稱：「要敲動這個大鐵球，的確不是那麼容易的事，而這正是我的推銷成功祕訣所在。既然大家用小鐵槌敲不動鐵球，那不妨看看，我不必動用到鐵鎚，只需用一根大拇指就夠了。」

台下的聽眾們，聽到大師這麼說，不禁投以懷疑的眼光；同時，開始竊竊私語，議論紛紛，心想，大師雖然號稱推銷技術一流，但卻也不是什麼武林高手，難道單憑大師兩字就能有什麼通天本領，特異功能嗎?這似乎是不太可能的事。

這時台上的大師，不管聽眾們的騷動，開始了他的動作，伸出右手的大拇指，按了大鐵球一下。整個會場內的氣氛，隨著大師的這個動作，立時靜了下來。眾人引頸企望，好奇的看著台上的鐵球，是否真會隨大師的這一下輕按而動。結果當然如大家所想的一樣，大鐵球根本動也不動；但大師的臉上，依然保持充滿自信的微笑。隔了約莫5秒鐘之後，又伸出右手大拇指，按了大鐵球一下，鐵球仍是紋風不動。大師亦是不為所動，在隔5秒，又按大鐵球一下，還是沒有絲毫動靜；大師再按第4下，猶然是一樣的結果。

就這樣子，大師每隔5秒鐘，很規律性地，用大拇指按鐵球一下。每隔5秒按一下，經過了差不多有20分鐘，台下聽眾當中，有許多人已經開始感到不耐煩。全場數千人的聽眾群，有超過上千人當下感到失望，花了許多時間，花了鉅額的門票費用，換來的，竟然是這樣一場無趣的爛表演，登時有無數的聽眾，站起身來，撕毀手中的入場門票，忿忿地離場。

再經過大約30分鐘，大師仍是每隔5秒一次，很有規律地用大拇指去按鐵球，而鐵球也和剛被搬上台時一樣，依然動也不動一下。這時台下的聽眾群情激憤，許多人紛紛站起身來，指著台上的大師破口大罵：「用手指就想推動那麼大的鐵球，你是不是老糊塗了？難怪你現在想退休。」、「頭殼壞了，才會想用手指去推動那個大鐵球，你能推銷東西，並不代表你就能推得動鐵球啊！」

有更多的聽眾，原本以為花費巨額的入場門票，可以學得大師的畢生絕學。卻不料，大師並沒有發表演講，在失望之餘，風度登時變得極差無比。紛紛將手上的飲料、食物，往台上砸了過去，百忙當中，居然有一隻破爛的皮鞋，也被扔上了講台。甚至不知從哪裡還冒出一句話：「我終於知道你的成功秘訣了，只有一個字，就是『騙』。原來你就是靠騙人，來創造驚人的推銷業績；甚至連最後一場退休會的門票都想騙錢，什麼推銷大師，我呸！」

面對台下紛擾的抗議及指責，大師沒有一句辯駁；他只是持續地按著那個大鐵球，專心一志的程度，居然到了連垃圾扔在她身上，大師似乎亦完全沒有感覺。

過了2個小時之後，台下的紛亂漸漸平息；倒不是因為眾人靜了下來，專心觀看大師的表演。而是數千名聽眾，已然紛紛離場，只剩下為數不到兩百人的聽眾，勉強按奈情緒的躁動，想看看大師的葫蘆裡，到底在賣些什麼藥？待會場內靜了下來之後，眾人的耳邊，突然響起一陣極其輕微的「嗡、嗡」聲。

場內剩餘的聽眾，聽得這陣輕微的「嗡、嗡」聲，在抬頭往台上看去，神奇的事情發生了。台上重達四、五百公斤的大鐵球，竟然開始動了起來。

台下的聽眾這時簡直不敢相信自己的眼睛，不約而同地揉著雙眼，以為自己眼睛看花了。回過神來，再仔細一看，沒錯，大鐵球的確再輕輕的晃動著。而台上的大師，仍是保持原來的表情，微笑地每隔5秒鐘，按動一次架子上的鐵球。隨著大師規律的按動，大鐵球擺動的弧度，亦慢慢加大。而眾人耳際的「嗡、嗡」聲，也隨之逐漸地嘈雜起來。

到了最後，原本只能發出「嗡、嗡」細聲的鐵球，隨著擺動，竟然變為「轟、轟、轟」的巨響。而台上大鐵球所擺動架勢，則是大到令人難以想像。這時，就算用再大的力量，亦無法令那個大鐵球停止下來。

到了這個節骨眼，台下的聽眾們，終於抑制不了沸騰的激動情緒，個個都身不由己地從座位上跳了起來，鼓紅了雙掌，為這一幕不可思議的偉大景像，高聲喝采，直至喉嚨嘶啞，而猶興份且難以自抑。

整個發表會進行到這裡，大師方才轉向聽眾，語重心長地解說。

推動大鐵球背後的含意。

只要能夠堅定、注目於自己所設定的目標，持續不斷地努力，

不管週遭有多少紛擾，別人大桶大桶的冷水向你潑來，一連串不斷的打擊告訴你：「那是騙人的」、「不可能的」、「別盡做些傻事」。

但無論如何，要切記，別讓注意力從目標上移開。

只要你能夠堅持到底，當成功來臨時，是什麼力量都擋不住的。

如果能從這個故事當中，領悟到那一位大師，用拇指推動大鐵球那樣持續不

斷、而且堅持到底、同時又不為外在干擾所牽絆的那一種用心，

你將會發現，成功真正的不二法則就是這四個字「堅持到底」。

——簡單的事重複做，你就會是專家，

——重複的事用心做，你就會是贏家。

這就是打破「窮人定律」的不二法門。

第五章

酸葡萄與甜檸檬定律

——你心中的想法，會決定你的快樂與幸福。

酸葡萄定律

酸葡萄效應又稱酸葡萄定律，是指自己努力去做而得不到的東西就說是「酸」的，是不好的，這種方法可以緩解我們一些壓力。比如：別人有一樣好東西，我沒有，我很想要，但實際上我不可能得到。這時不妨利用「酸葡萄」心理，在心中努力找到那樣東西不好的地方，說那樣東西的「壞話」，來克服自己的缺失。

心理學上，把個體在追求某一目標失敗時為了沖淡自己內心的不安常將目標貶低說「不值得」追求聊以自慰，這一現象稱為「酸葡萄」機制或「酸葡萄」效應。

在伊索寓言中有個《狐狸與葡萄》的故事，說的是那狐狸本來是很想得到已經熟透了的葡萄的，它跳起來，未夠高，又跳起來，再跳起來……想吃葡萄而又跳得不夠高，這也算是一種「挫折」或「心理壓力」了，此時此刻那狐狸該怎麼辦呢？若是一個勁地跳下去，就是累死也還是跳不夠那葡萄的高度。

於是，那狐狸說：「反正這葡萄是酸的。」言外之意是反正那葡萄也不能吃，即使跳得夠高，摘得到也還是「不能吃」，這樣，狐狸也就「心安理得」地走開，去尋找其他好吃的食物去了。

心理學上以此為例，把個體在追求某一目標失敗時為了沖淡內心的不安常將目標貶低說「並不值得」追求聊以自慰，這一現象稱為「酸葡萄」機制或「酸葡萄」效應。

伊索寫這篇寓言的本意，是諷刺某些人善於找藉口，以求心理平衡。

不過，仁者見仁，智者見智。有人認為這個狐狸特別聰明，「吃不著的葡萄是酸的」，雖然有找藉口之嫌，卻平衡了自己的心理，起到了自我保護作用。人們不是也有這種心理嗎？比如，打碎了精美的花瓶，你不妨說「碎碎（歲歲）平安」；家中被賊偷了，你不妨說「財去人安」，或者說是「破財消災」。這樣的自我安慰，不是比氣得吐血、氣得血壓升高要好得多嗎？因此，心理學上就有「酸葡萄心理」的提議，這是伊索他老人家無論如何也想不到的。「吃不著的葡萄是酸的」，既有消極的一面、也有積極的一面，伊索看到的只是前者而不是後者。

寓言中的狐狸遇到「挫折」或「心理壓力」時，採取了一種「歪曲事實」的消極方法以取得自己的「心理平衡」。無可否認，它們確實也有著實際的意義和作用，尤其是當人們認為自己對所面臨的壓力已經是無能為力的時候，也不妨採用這種應付方式，以免走向極端。任何一種事物都會有正反兩種意義，只要起到暫緩心理壓力作用，使心理得以平衡，就有其實際意義，即「合理化」的酸葡萄效應。當然，我們不能總是停留在此，事後應採取積極措施，解決問題。

當年魯迅發表了《阿Q正傳》，心理學界出現了一個新名詞——精神勝利法。在所有有關魯迅和《阿Q正傳》的講座中，幾乎都會提到所謂的「精神勝利法」，而且大都是從貶義來詮釋它。根據陳漱渝的說法是，魯迅塑造阿Q這個人物，其中有一點就是要批判國人中那些「以醜驕人」——以顯示自己的醜陋為本錢來顯擺自己——的劣根性。到了現在人們從另外一個角度來看阿Q，就將阿Q的精神解釋為阿Q的「精神勝利法」賦予了它新的時代意義變成了「酸葡萄效應」。後來陳漱瑜教授說，把它轉意為「退一步海闊天空」的豁達，也未嘗不可。

其實，這種自以為是的酸話，何曾不是人類的在榮耀其嫉妒心的一種包裝表現，不過，酸葡萄也帶給我們各種不同的啟示：

（一）適度安慰，讓煩惱遠離自己

生活中，我們也會遇到狐狸的境遇，也會產生狐狸的心態，當遭遇挫折時，為了不讓自己那麼難受，就找一些理由來醜化未能得到的東西。

（二）在情緒上有減壓作用

是人們運用最多的一種心理防衛機制，其實質是似是而非的理由證明行動的正確性，掩飾個人的錯誤或失敗，以保持內心的安寧。作為一種應對挫折的心理防禦形式，無論是其中的「酸葡萄」效應還是「甜檸檬」機制，當學生尤其是好勝心過強的學生受到挫折後，適當地套用，能減輕心理壓力。

（三）正確認識自己，不要貶損他人

酸葡萄效應是一種自我防禦的心理，適當運用這種心理對緩解壓力、快樂生活都有好處。但是，如果沉溺其間，就會對生活產生副作用。比如，魯迅先生筆下的阿Q，總是為自己受到的侮辱或遇到的不公待遇尋找理由，這就違背了尊重事實的原則，阿Q為了洩憤，會在背後詆毀別人，挨了揍在人前無語，在人後卻「小子打老子」而喃喃不停，藉此達到洩憤的效果，以滿足其自尊心！

「酸葡萄心理」是因為自己真正的需求無法得到滿足產生挫折感時，為了解除內心不安，編造一些「理由」自我安慰，以消除緊張，減輕壓力，使自己從不滿、

不安等消極心理狀態中解脫出來，藉此產生一種平衡的作用。

在我們日常生活中，酸葡萄效應是一種相當普遍的現象：

——小王的女朋友怎麼一個比一個漂亮！

——同一期進公司，老鄭已幹到副總了，而我卻還是個課長！

——鄰居的柯先生又換一部進口車了！

——對面的太太兩個女兒都在英國留學！

——老邱的兒子竟然考上了台大醫學系！

其實，每個人都有每個人的人生，人生的道路本來就各有不同，也許你看到的只是人家的滿足，而你卻無法看到他們的不足。所以，你應該對自己好一些，要有自信去過你自己的日子。

——鈔票只能剛剛夠使用，不過日子卻過得安安穩穩。

——雖然沒有多餘的儲蓄，但一家人卻都十分健康。

——假期沒有出國玩，卻在書店找到一本很有意思的書。

——住家不是新型的社區，可是每個鄰居都很親切！

——小孩半工半讀，竟然已經碩士畢業了！

人生在人與人作比較之後，一定會各有優劣點。與其拼命去羨慕別人的優點，不如去肯定自己的長處，滿足於自己所擁有的生活，你就是一個最快樂的傢伙了！

甜檸檬定律

與酸葡萄相對，有的人得不到葡萄，而自己只有檸檬，就說檸檬是甜的。這種不說自己達不到的目標或得不到的東西不好，卻百般強調，凡是自己認定的較低的目標或自己有的東西都是好的，藉此減輕內心的失落和痛苦的心理現象，被稱為「甜檸檬」效應。

在挫折心理學中，人們把個體在追求預期目標而失敗時，為了沖淡自己內心的不安，就百般提高現己實現的目標價值，從而達到了心理平衡、心安理得的現象，稱之為甜檸檬效應。

那麼，還是來說伊索寓言那隻狐狸原想找些可口的食物，但遍覓不著，只找到一個酸檸檬，這實在是一件不得已而為之的事，但它卻說：「這檸檬是甜的，正是我想吃的。」這種只能得到檸檬就說檸檬是甜的自我安慰現象，有人也稱甜檸檬心理或甜檸檬作用，其實質是一樣的，都是為了變惡性刺激為良性刺激，以達自我心理平衡，免去自我苦惱與痛苦。這與上述的酸葡萄效應一樣，都是以某種「合理化」的理由來解釋自己所追求目標失敗時的情景，以達內心之安、心理自救的目的。其差異只在於酸葡萄效應是把所追求的目標價值變低，而甜檸檬效應是把現已實現的目標價值提高。可見，這兩種效應都是使用自慰法的結果，有時，這種效應真的起到了寬慰自己、接納自己、承認現實、自得其樂的作用，比垂頭喪氣，痛不欲生，埋怨他人、與人對抗等不知要好上多少倍。

（一）甜檸檬效應的淡化作用。

人們在追求某一目標時，有時忽略了自己的可行性條件，只是被誘人的目標所誘惑，或是只憑自己的一腔熱血拼命追求，或是被鑽牛角尖的心理所驅使，因此，碰得頭破血流還在苦苦追索。這種韌勁對於意志堅強、胸懷大志者是需要的。但時常也會使一些人心灰意冷，因為成功者畢竟不會是百分之百。

因此，有些人正視自己的能力，把自己原先追求的目標加以調整，調整到使自己通過努力而能達到的目標，這樣就會淡化原先預期的目標，從而使自己不會為達不到預期目標而痛心苦惱。

（二）甜檸檬效應的提高作用

一般來說，人們在追求某一預期目標時，對原已實現的目標，也就是現狀總是不滿足的，換言之，人們對所追求的目標給予高度的預期，賦予極高的價值。但在一時實現不了時，人們為了自尊心的滿足，不得不回到自我的現實中來，從而珍惜已擁有的，並把已實現的目標加以美化，認為這已是最好的，其他的目標是一種理想化的東西，是不現實的，即使實現不了也無所謂。這種有意誇大已實現目標價值，提高自己已有現狀從而產生甜檸檬效應的現象，就是甜檸檬效應的提高作用的結果。

（三）甜檸檬效應的去痛作用

一個人在達不到追求目標時，應該說，內心是極其痛苦的。多數人都會想辦法去除這種痛苦的現狀，否則就可能患上心理疾病。而甜檸檬效應就有這種去痛作用。因為他已放棄了原已追求的目標，已把自己的注意力、自己的感情調整到了現

在自己重視的已實現的目標上。這雖然對實現預期目標失去了動力，但對維護心理健康來說是有作用的。這種去痛作用可以使失望者安全地軟著陸，以免去不少後遺症。

那麼，「甜檸檬」效應是如何幫助我們在現實生活中應該如何處理挫折、失望、沮喪、煩惱憤怒、傷心等不良情緒呢？起碼嚐嚐甜檸檬，它能幫助你：

——改變你的態度；

——學會享受過程；

——過得現實一點，就活在現在；

——如果遇到倒楣的事，就想還有人比你更倒楣；

——天堂、地獄總由心造；

——壓力太大的時候要學會彎曲；

——學會利用現有資源把事情做成，而不是消極等待。

「塞翁失馬，焉知非福」。解脫就是換個角度看待現實所在，從更高更遠的角度來看待變故，對令人沮喪的事情作出新的理解，藉以跳出消極情緒，從而將精力放到自己追求的新的目標上去。要做到解脫就不能在受到挫折時作消極聯想，應把注意力放到美好的憧憬中去。因為人一旦被消極情緒所控制，往往會做出異於常態的事情。

例如，在學校中受到老師的批評，於是悶悶不樂，把自己關在房間裡，想到學習的不順利，老師、父母、同學都會看不起自己，萬念俱灰，這就是消極聯想。許多人為一點小事而想不開自殺，就是因為作了太多消極的聯想。

事實上，一旦走過這段情緒低落期，回頭看一看，你會發現你原所在乎的根本不是一件性命攸關的事。要是你換一個角度想，雖然自己在外面事事不如意，但回到家中見到一家和和睦睦，爸爸媽媽正等著你吃飯，再對比一下鄰居有一個癌症病人，家裡不知有多麼著急，就會覺得自己的事不足以掛懷。再想自己不過是因為一些完全可以避免的因素而導致事情的不順，只要稍加注意，就完全能夠解決的。

雖然阿Q的自欺欺人心理，過去一直成為人們的笑談，甚至遭到否定、批判。然而，不少心理學家認為，適度的精神勝利法在心理健康方面是非常有價值的。如果我們懂得合理運用阿Q精神，往往會讓自己增加不少幸福感。

生活中，我們每個人都會遇到這樣那樣不愉快的事，而且很多事情是我們無法左右或改變的。也許你要問，既然如此，我們應該怎麼辦呢？難道就要為此一味地痛苦、哀傷嗎？事實上，在這時候，我們不妨使用一下阿Q精神，安慰一下自己，對於心理調節可能非常有效。

美國前總統羅斯福就是一個很好的例證：

有一次，美國前總統羅斯福家中被盜，他的朋友寫信來安慰他。他在回信中說：「謝謝你來信安慰我，我現在很平安。感謝上帝，因為賊偷去的是我的東西，而沒有傷害我的生命；賊只偷去我部分東西，而不是全部；最值得慶幸的是：做賊的是他，而不是我。」

可見，像羅斯福那樣，遭遇不幸時，我們若換一個角度去看，心情顯然就不一樣了。曾有人說過：「我因為沒有一雙像樣的鞋穿而苦惱不堪，直到我在街上看到一個人——他沒有了雙腳。」沒錯，當「沒鞋」的時候，如果想到「沒有腳」的人，我們的痛苦和煩惱就顯得微不足道了。

現實中，人們的「甜檸檬」心理同樣比較普遍。例如，你買了一雙鞋子，回來後覺得價錢太貴，顏色也不如意，但你和別人說起時，你可能會強調這是今年最流行的款式，質地是純高檔皮料，即使價格貴點也值得。還有，雖然你知道自己的男朋友有不少缺點，但在外人面前，你往往喜歡誇獎他的優點。這就是一種代償作用。

代償作用是指用其他目標或其他活動來補償心理的創傷，主要有以下兩種方式：

一、是目標代償：原來的目標不能實現而產生挫折感，可以重新制定一個新的目標。挫折使我們重新審視自己，揚長避短，分析自己的目標在主客觀上的可能性。

二、是情景轉移：人們在發怒、生氣時，大腦皮層會產生一個興奮中心，如果另外能有一些新穎的刺激引起新的興奮就可以抵消或沖淡原有的興奮。因此在遭受挫折後為了擺脫不良的情緒反應，可以離開挫折情景，到一些使自己愉悅興奮的情景中去，如看電影、聽音樂、參加體育鍛煉等。

酸葡萄與甜檸檬

總之，「酸葡萄」與「甜檸檬」效應在日常生活中都是較為常見的心理現象。是心理學中合理化作用的典型表現。是指個人的行為不符合社會價值標準或未達到所追求的目標，為減少或免除因挫折而產生的焦慮，保持自尊，而對自己不合理的行為給予一種合理的解釋，使自己能夠接受現實。

一般說來，每種現象或事件的發生，都可用許多理由與方法進行解釋。酸葡萄與甜檸檬心理都是從個體的心理需要出發，從一系列理由中選擇其中一些合乎自己內心需要的理由去特別強調，而忽略其他理由，以避免心理上的痛苦，這在心理學上又叫合理化。弗洛伊德指出，常見的合理化有兩種：

一、是希望達到的目的沒有達到，心理便否定該目的的價值或意義，俗稱「酸葡萄效應」。

二、是未達到預定的期望或目標，心理便否定該目的的價值或意義，俗稱「甜檸檬效應」。

通俗地講，「酸葡萄」是醜化得不到的東西，而「甜檸檬」則是美化得到的東西，這種策略運用得當可以消除心理緊張、緩和心理氣氛、減少攻擊性衝動和攻擊行為產生的可能性，變惡性刺激為良性刺激。若運用過度，則會妨礙人們去追求真正需要的東西。

第六章

鏡子法則

——你看什麼，內心就有什麼。

「鏡子法則」是一個心理學知識。人的感知系統就像一面鏡子，把感覺到的外在世界映射到大腦中去，然後由大腦評價和指揮日常生活。如果一個人，什麼都不思考，什麼都不接觸，那麼等於在黑暗中，鏡子是照不到什麼東西的，腦中有如黑暗的世界一樣，人就摸不著方向了。

唐太宗曾說過：「以銅為鏡，可以正衣冠；以人為鏡，可以明得失；以史為鏡，可以知興替。」

我們的人生現實，就是折射我們內心世界的一面鏡子。你看別人像什麼，你就是什麼。看別人不順眼，是因為自己的境界不夠。

蘇東坡與佛印

蘇東坡有一天和好友佛印出遊，累了兩人就在一座涼亭中休息。

蘇東坡說：「大師，你看我坐在這裡像什麼？」

佛印說：「看來像一尊佛。」

蘇東坡譏笑著說：「但我看你倒像一堆大便！」

佛印聽了，只微微一笑。

回家後，蘇東坡把這件事告訴了蘇小妹。

蘇小妹聽完說，「因為自己是佛，看別人也會像佛；若自己是大便，看別人也會像大便。」

別人是自己的一面鏡子，你看別人像什麼，你就是什麼。

看別人不順眼，處處都要挑人刺，是因為自己的境界不夠。不要總想去改變別人，先調整好自己的心態，修好自己這顆心。

這就是鏡子法則：我們的人生現實，就是折射我們內心世界的一面鏡子。

內心充滿憤懣，就會發生越來越多的讓你不滿的事兒。

反過來，當內心充滿感謝，那麼，就會有更多的讓你感謝的事情發生。

「人生即折射我心的鏡子」，換句話說，也就是「我們周遭發生的一切事情，都與我們心靈的波長完全一致」，或可以說，「心中種下的原因，就會形成現實的結果」。

在自我意識心理學中，人們把由於別人對自己的態度猶如一面鏡子能照出自己的形象，並由此而形成自我概念的印象，這種現象稱之為「鏡像效應」，也就是

「鏡子法則」。

鏡子法則的由來

這一效應來源於查爾斯・荷頓・庫利的「鏡中之我」理論。

庫利是在一九〇九年出版的《社會組織》一書中提出「鏡中之我」概念的。他認為，人的行為在很大程度上取決於對自我的認識，而這種認識主要是通過與他人的社會互動形成的，他人對自己的評價、態度等，是反映自我的一面「鏡子」，個人透過這面「鏡子」認識和把握自己。因此，人的自我是在與他人的聯繫中形成的，這種聯繫包括三個方面：

一、關於他人如何「認識」自己的想像。

二、關於他人如何「評價」自己的想像。

三、自己對他人的這些「認識」或「評價」的情感。

在這其中，前兩項只有在與別人的接觸中、透過別人的態度才能夠獲得。庫利認為，「鏡中之我」也是「社會之我」，傳播特別是初級群體中的人際傳播，是形成「鏡中之我」的主要機制。一般來說，這種以「鏡中之我」為核心的自我認知狀況取決於與他人傳播的程度，傳播活動越活躍，越是多方面的，個人的「鏡中之我」也就越清晰，對自我的把握也就越客觀、越準確。

為什麼會發生「鏡子法則」呢？其主要原因有如下幾點：

（一）是社會化的結果，特別是「首屬群體」的影響。

一個人來到社會後與身俱來的只是生物人，這種生物人要變成思想情感等豐富的社會人，必須經過社會化，而這種社會化主要就是個人在社會生活實踐中通過與他人、群體與社會之間的互動影響，從而成為合格社會角色的過程。其中影響最大最早的群體就是首屬群體，如狼孩的首屬群體是狼群，社會化的過程是狼群「社會化」的過程，其結果在狼孩大腦中只能形成自我的狼孩概念。但對絕大多數人來說，首屬群體是家庭，家庭中父母是重要的影響人物。

庫利所言的「鏡子」，也是各色各樣的，其中形成「鏡中之我」最為重要的「鏡」是家庭，有些鏡子就各憑己見了。

（二）是個體對「鏡子」的認知與評估作用。

正如上述所言的，個體只對重要的「鏡子」做出反應，而對一些不重要的「鏡子」便會做出忽略不計的反應，使之不能進入「自我」。這就是說，從他人鏡中反映出來的我，只有經過生理我、社會我和心理我，或已有自我的想像、評價，才會被「自我」所接受，形成「自我概念」。可見，「鏡子」雖然重要，但如何照、如何看也很重要。可以說，「鏡中之我」並非個體所照看到的「我」，已被原有「自我」解讀過的「我」。

（三）是「鏡中之我」還與「鏡外之我」的地位、身份、名譽等有關。

按理說，鏡中之我與鏡外之我應是一致的，但是鏡中之我經過這面鏡子一照，就有了許多光的折射，使鏡外我變形，但個體不通過鏡子自己又無法看到鏡外之我，即使能去看（如反省、反思等），但也會受到其他因素（如原有的自我、經驗、認知結構等）的影響，也無法真正看到鏡外的我。因此，唯一的方法就是用許多面鏡子來照，這樣全方位的照看，會使鏡中之我與鏡外之我逐漸融合。上述可見，「鏡中之我」的地位、身份、名譽等會對「鏡像效應」產生重要的影響。

最簡單的說法是，只要你對著鏡子扮鬼臉，鏡子也會回你一個鬼臉，運用在人際關係的交往中，則表現出你如何待人，對方也會如何回報你，如果你喜歡大家，大家也會喜歡你。反之，如果你討厭別人，別人當然也會用討厭來報答你。

人生的答案就在你身上

我們通過照鏡子知道了自己的容顏。同樣，通過仔細觀察我們人生中發生的事情，也可以探知自己的內心世界。

我們照鏡子，是不是總能滿意自己的容顏狀態呢？不滿的時候會怎樣做？比如，我們在鏡子裡看到自己頭髮凌亂，會把手伸向鏡子去整理嗎？當然不會。我們一定會把手伸向自己的頭髮，把它整理好。結果呢？鏡子裡的頭髮也就整理好了。

同樣，要從根本上解決人生的問題，一定要首先解決或消除心中的原因。如果我們不能改變自己的內心，而只期待別人或環境的改變，終將一事無成。

實際上，人生出現的任何問題，都是為了引起我們自己的關注、重視。就是說，沒有什麼事情是偶然的，而是凡要發生的，就必然發生，背後一定有原因。

此外，凡自己不能解決的問題，都不會發生，就是說，所有問題，都是因為我們自己能解決，才會發生。發生在你身上的每一件事兒，都是因為你有那個解決能力。

而且，能通過解決問題，你還將學到對你更加重要的東西。

只要你能向前看，能帶著一顆愛心去做，那麼，一定會獲得一個好結果，你會認為，發生這件事兒，真是太好了，因為它的恩澤……

從鏡中看到的你，「答案，就在你自己的身上。」

你在鏡子裡看見誰了？望著鏡中的自己，你快樂嗎？

要了解自己的特質，就必須回顧以往。這裡所說的回顧，不是指那種「早知道我就該怎樣……」的反悔，而是要回想「我當時做了什麼……」

更重要的是，一定要摒棄「反射心態」。

所謂的反射心態就是指：想要去辯解、怪罪別人，並去盤算、計較利害得失。

一個人能把事情做到什麼程度，關鍵就在自信。充滿自信的人，在遇到批評時，會把人家對他的批評和指責全部先照單全收，完整且不帶評價的去思考它。

遇到批評時，我們會用各種方式來處理、修正或排除問題。

但有些人遇到批評時，卻會反過來指責批評他的人，認為是批評他的人有問題。這種人心中充滿了盤算，他們的標準回答總是「那是對方的問題」，並以此為自己脫罪。

反省能力和自我批評能力是非常重要的一項課題——正視問題才能處理問題。有人老是把過錯推給別人，為自己辯解或一心計算的行為，都只會妨礙個人的成長與進步。

唯有當我們願意正視問題，處理問題時，才能從錯誤中學習。

學習和你的鏡子如何相處

我們每個人都有權選擇自己要對某件事所帶給我們的印象或影響，做出什麼樣的反應。就因為每個人的反應不同，所以，神父可能教出作奸犯科的兒子，但強盜窩也可能養育出一個大聖人。

一個人到底會用正面、或是負面的方式，去處理那些接收到的印象，其實是有規律可循的。

關鍵就在，從快樂的經驗和痛苦的經驗中，我們到底學到了什麼？

而這個問題則同時也會指出另一個跟生命品質有關的問題：我的挫敗到底是誰造成的？

這裡要談的就是一種在承擔責任時很常見的現象：如果事情的結果跟自己心裡想要的目標一致，當事人就會很願意為自己的行為負責。

但如果結果不符合他的目標，許多人就會一味怪罪別人：「那些不能信賴的傢伙，那個識人不清的主管，最近異常低迷的經濟景氣……」

一個人的意識越清醒、越有警覺性，包容差異的能力越大，就越容易做得到。

暫時拋開成見和自我保護，誠實的去感知真相——並非評斷——並且感知自己正在做什麼，曾經做過什麼，唯有如此才能從中獲得學習。

反省和自我批評都是一種學習過程。為了往正確的方向去學習，我們必須時時反觀自己，就像在照鏡子一樣，並且敞開心胸接受事實——這一點非常的重要。

觀察自己和接受事實：要坦率地認知，只有是事實能幫助我們，其他的無異於欺騙，最後只會帶來失望。

如果你的現在和過去都時常籠罩在一種負面的情緒中，這就表示你必須立刻正視危機。

不可以寄望未來，不可以「只會往前看」，你必須先為自己目前的問題找出具體的解決步驟。建議你不妨把步驟明確列出來。

步驟一：提問——詳實而明確的向自己提問，這種做法能幫助我們找到答案，有了答案，就能找出解決辦法。

請你問自己：「客觀來看，我的問題到底是一個還是好幾個？或者，問題只是出在我看待事情的態度不對？」在尋找原因的過程中，切忌把問題歸罪於別人。怪罪別人只會造成混淆，並且妨礙知覺的客觀性。

步驟二：定出願景與目標——明確的定出願景與目標：我的願景與目標到底是什麼？

如果把我想要的結果具體勾勒出來，應該是怎樣的一幅景象？

如果真的讓我做到了，我會感到滿足嗎？或者，它反而會為我帶來新的或更大的問題？

步驟三：放下負面想法——有效的利用精神控制法。仔細檢查一遍，找出那些屬於過去的、會讓自己喪失能量的想法或計劃，放下它們。

這些想法可能是：罪惡感，對自己所犯的錯誤感到後悔、憤怒、自我質疑、自我評價很低，一直奉行著被誇大的信念，或奉行著人家強迫你接受的信念。

如果我們不能無條件的接受「事情就是這樣」，那麼我們反愈無法認清事情。因為「不肯接受」只會讓我們排斥那件事，讓我們沒有機會去看清楚存在於當中的各種可能性。

排斥會讓我們的感官知覺嚴重受限。在這種情況下，我們根本無法看清存在於那些不愉快事件中或所謂痛苦壓力中的契機。

擦亮你心中的鏡子

我們眼見的外在世界，是我們內在世界的一個投射和反應，所以，想要改變外在，就得要改變自己的內心。當我改變了自己的內在之後，外在的情景果然也有所轉變，另外一種情形是：外在的情景還是在，但是由於我的內心改變了，我再也不覺得它討厭了，可以和平與它共處。無論是以上兩種情形的哪一種，你都是贏家。

因此，我們每個人都要擦亮心中的那面鏡子。

這是一個非常單純的法則。把握了這個法則，我們也就找到了掌握自己人生的辦法了。通過這個法則，很多人都打破了困境，步入了他們所期望的那種心境。「鏡子法則」就像一個良師益友，它會讓你發現自己，改變自己，創造出一個全新的自己！

第七章

逆向思維

——打破思維慣性看問題。

讓思考轉個彎

有兩個人，為了一道題目吵了一天，一人說3×8＝24，另一個說3×8＝21，相爭不下告到縣衙。

縣官聽罷說：「把三八二十四的那個人拖出去打二十板。」

二十四的人就不滿：「明明是他蠢，為何打我？」

縣官答：「跟三八二十一的人能吵上一天，還說你不蠢？不打你打誰？」

——不要和不講理的人較勁；遇到爛人不計較，碰到爛事不糾纏。

有個小孩對母親說：「媽媽，你今天好漂亮。」

母親問：「為什麼？」

小孩說：「因為媽媽今天沒有生氣。」

——原來漂亮很簡單，只要心平氣和就是美麗！

甲乙兩人看到一輛十分豪華的進口轎車。

甲不屑地對乙說：「坐這種車的人，肚子裡一定沒有學問！」

乙則輕描淡寫地回答：「說這種話的人，口袋裡一定沒有錢！」

——你對事情的看法，是不是也反映出你內心真正的態度？

晚飯後，母親和女兒一塊兒洗碗盤，父親和兒子在客廳看電視。

突然，廚房裡傳來打破盤子的響聲，然後一片。

兒子望著他父親，說道：「一定是媽媽打破的。」

「你怎麼知道？」

「她沒有罵人。」

——我們習慣以不同的標準來看人看己，以致往往是責人以嚴，待己以寬。

妻子正在廚房炒菜。

丈夫在她旁邊一直嘮叨不停：「小心、小心！火太大了。哎呀！趕快把魚翻過來、油放太多了！」

妻子脫口而出：「我懂得怎樣炒菜。」

丈夫平靜地答道：「我只是要讓你知道，我在開車時，你在旁邊喋喋不休，我的感覺如何……」

——學會體諒他人並不困難，只要你願意站在對方的角度和立場看問題。

張三在山間小路開車，正當他悠哉地欣賞美麗風景時，突然迎面開來的貨車司機搖下窗戶大喊一聲：「豬！」

張三越想越氣，也搖下車窗大罵：「你才是豬！」

剛罵完，他便迎頭撞上一群過馬路的豬。

——不要錯誤地詮釋別人的好意，那只會讓自己倒大楣！

高僧問：你覺得是一粒金子好，還是一堆爛泥好呢？

求道者答，當然是金子啊！

高僧笑曰：假如你是一顆種子呢？

——這世上沒有絕對的好壞，適合你的，就是最好的。

老師問：「有個人要燒壺開水，生火到一半時發現柴不夠，他該怎麼辦？」

有的同學說趕快去找，有的說去借、去買。

老師說：「為什麼不把壺裡的水倒掉一些呢？」

——凡事與其手忙腳亂地想辦法，不如冷靜動腦筋去解決它。

甲：「新搬來的鄰居好可惡，昨天晚上三更半夜跑來猛按我家的門鈴。」

乙：「的確可惡！你有沒有馬上報警？」

甲：「沒有。我當他們是瘋子，繼續吹我的小喇叭。」

——這就是「無風不起浪」……

一輛載滿乘客的公共汽車沿著下坡路快速前進著，忽然看見有一個人在後面緊緊地追趕著這輛車子。

一個乘客從車窗中伸出頭來對追車子的人說：「老兄！算啦，你追不上的！」

「我必須追上它……」

這人氣喘吁吁地說：「我是這輛車的司機！」

——這就是「事出必有因」。

換位思考人生更圓融

換位思考，是設身處地為他人著想，即想人所想，理解至上的一種處理人際關係的思考方式。人與人之間要互相理解，信任，並且要學會換位思考，這是人與人之間交往的基礎：互相寬容、理解，多去站在別人的角度上思考。

換位思考是人對人的一種心理體驗過程。將心比心、設身處地是達成理解不可缺少的心理機制。它客觀上要求我們將自己的內心世界，如情感體驗、思維方式等與對方聯繫起來，站在對方的立場上體驗和思考問題，從而與對方在情感上得到溝通，為增進理解奠定基礎。它既是一種理解，也是一種關愛。

換位思考是融洽人與人之間關係的最佳潤滑劑。人們也都有這樣一個重要特點：即總是站在自己的角度去思考問題。假如我們能換一個角度，總是站在他人的立場上去思考問題，會得出怎樣的結果呢？最終的結果就是多了一些理解和寬容，改善和拉近了人與人之間的關係。

在一個團隊之中，只有換位思考，才可能增強凝聚力。對於一個管理者而言，換位思考的能力就是決定你是否能成為一個優秀的領導人的關鍵。

什麼叫「逆向思維」？

逆向思維是指從事物的反面去思考問題的思考方法。這種思維方式常常使問題獲得創造性的解決。在商業的世界裡面，到處都有依靠逆向思維而獲得成功的人。

傑瑞是一個極富機智的警官，同時思維也相當「叛逆」十分靈活，所以無論遇到什麼案件或難題，在他手上總能迎刃而解。

——有一天，有三位女士為了芝麻大的小事而大吵大鬧到警察局。她們你一言，我一語，誰也不肯讓誰先說，震耳欲聾幾乎把屋頂都要掀翻了，連局長都沒有辦法。這時傑瑞來說了句：「請妳們中間年紀最大的一位先說吧！」話音剛落，房間裡頓時鴉雀無聲。

——某日，一男子試圖製造一件轟動全國的新聞，便爬上紐約世界貿易中心的樓頂上，作勢要往下跳的樣子。很快，樓下圍滿了人，包括員警、醫生和記者。局長和警長輪番喊著話，並試圖救險，那男人總是色厲內荏地叫著：「別過來啊！誰要是過來，我就跳下去！」

僵持片刻之後，傑瑞帶了一名醫生走上前，只說了一句話，那男子便默默地走下樓去。傑瑞說的是：「我不是來抓你的，是這位醫生要我來問問你，你死之後，願不願意把身體所有的器官都捐給醫院？」

——在一次執勤的時候，傑瑞抓到了一個正在通緝的男扮女裝的要犯，警長問他：「罪犯男扮女裝，你怎麼認得出來？」傑瑞說：「我看他沒有女人的習慣。」警長問：「什麼習慣？」傑瑞說：「很簡單，他走過時裝店、食品店和美容院的時候，連看都沒朝裡看一眼，我就知道這裡邊有問題。」

——回家的路上，傑瑞忽然看見兩個年輕的神父同騎一輛自行車在一條小路上飛馳，便將他們攔住。傑瑞說：「你們不覺得這樣的速度是很危險的嗎？」神父們說：「沒關係，天主和我們同在。」傑瑞說：「很好，這麼說我應該罰你們80美元，因為三個人是不能同騎一輛自行車的。」

——星期日，在鬧市區的一個路口，有個持不同政見者正在發表演講：「如今的政治腐敗透頂了，我們應把眾議院和參議院統統燒了！」行人越聚越多，堵塞了交通，員警趕到時，秩序大亂，無從下手，傑瑞大叫一聲：「同意燒參議院的站到左邊，同意燒眾議院的站到右邊。」只聽「唰」地一聲，人群頓時分開，道路豁然開朗了。

你知道膠捲底片相機的原理嗎？把膠捲放在相機裡面，並卡在相機齒輪上，合上後蓋開始拍照。拍一張，自動轉動齒輪，收起這段膠捲，抽出一段新的膠捲，全部拍完之後，自動再把所有的膠捲反向卷回到膠捲盒，打開相機後蓋，取出膠捲。

但是這時的膠捲相機有個重大的設計缺陷，如果不小心打開相機後蓋，所有拍過的照片，都會全部曝光。那麼，請你來改進這款產品，你會怎麼做？

於是，有人說在相機後蓋上加個鎖，沒拍完不讓打開；也有人說，在收納拍過膠捲的地方，也放個膠捲盒，從膠捲盒到膠捲盒；還有一個說，在相機蓋裡面，再加一個蓋；雙重保護，防止失誤操作。

然而這些說法，都不實際，反而是一個老太太設計出來的，那麼這個老太太是怎麼設計的，原來她是把膠捲放到相機裡面，先自動把所有空白膠卷，從膠捲盒裡面全部都卷出來，然後拍一張，再反向收回到那個膠捲盒裡一張，直到全部拍完，這樣，萬一相機後蓋被打開了，曝光的僅僅是那小段空白膠卷。

這位老太太把她的這個設計申請了專利之後，賣給了柯達公司，獲得了七十萬美元的專利費。

你可以想像嗎？這個想法難嗎？一點都不難，甚至幾乎完全沒有改變相機的設計，它僅僅改變了齒輪馬達的方向，老太太用的這種威力極其強大的思維工具叫做「逆向思維」。這位老太太，其實就是運用了「結構逆向」的思維方式，通過反轉齒輪馬達這個小動作解決了大問題。

禮拜六上午，一位牧師正在苦思明天的佈道詞，妻子出去購物，淘氣的兒子在旁邊攪得他心煩意亂。他實在不知道該如何讓兒子安靜下來，忽然看見身邊一本雜誌，靈機一動，扯下了封面，這是一張背面的人像的世界地圖。

他把它撕成了好多塊，然後交給淘氣的兒子，讓他到一邊把已成碎片的世界地面重新拼接好，允諾如果拼好了就給他一美元。

父親以為這件事足夠兒子忙乎一陣子了，可是才不過十分鐘，就響起了敲門聲。兒子站在書房門口，手裡拿著正是他從碎片中拼起來的世界地圖！

父親驚異於孩子的速度，問他是如何在這麼短的時間內完成的。兒子很是得意：「我發現紙的背後是一個人的頭像，我先按人像來拼碎片；然後翻過來的就是地圖了。」

如果小孩子一接到任務，便只有一個念頭，不先思考，直接埋頭苦幹地拼地圖的話，那過程就會很曲折費力了。

法國哲學家埃米爾・卡蒂埃根據故事，提出了「卡蒂埃定理」，認為當你只有一個念頭時，你那個念頭也許是最危險的念頭。如果認為只有一條路可走，那麼這條路往往是死胡同。

很多事情如果只按照思維常規來解決，反而會顯得困難曲折，然而，只要反過來想一想就很容易解決了；當企業在經營中遇到了難題，不要急著死鑽牛角尖，胡搞瞎搞……不妨停下來，想一想，也許答案就會出現了。

逆向思維就是變通思維

「逆向思維」也是一種變通思維，從一個方向思考問題容易陷入困境，變通一下思維，從另一個角度思考問題，往往得到意外的收穫的思維方式。

變通、變通，變則通。將舊飛機改造為咖啡廳是一種──變「廢」為「寶」的創意。這是一種文化包裝式的變通，有了文化包裝式的變通，不值錢的開始值錢，值錢的變得更值錢。

印度有一家電影院，常有戴帽子的婦女去看電影。帽子擋住了後面觀眾的視線。大家請電影院經理發個場內禁止戴帽子的通告。經理搖搖頭說：「這不太妥當，只有允許她們戴帽子才行。」大家聽了，不知何意，感到很是失望。第二天，影片放映之前，經理在銀幕上映出了一則通告：「本院為了照顧衰老有病的女客，可允許她們照常戴帽子，在放映電影時不必摘下。」

通告一出，所有女客都摘下了帽子。

「逆向思維法」是指從事物的反面去思考問題的思維方法，這種方法常常使問題得到創造性的解決。

一位商人向海山借了二千元，並且寫了借據。在還錢的期限快到的時候，海山突然發現借據丟了，這使他焦急萬分，因為他知道，丟失了借據，向他借錢的這個人是會賴賬的。海山的朋友納斯列金知道此事後對海山說：「你給這個商人寫封信過去，要他到時候把你借的二千五百元還給你。」海山聽了迷惑不解：「我丟了借據，要他還二千元都成問題，怎麼還能向他要二千五百元呢？」儘管海山沒想通，但還是照辦了。信久出以後，海山很快收到了回信，借錢的商人在信上寫道：「我向你借的是二千元錢，不是二千五百元，下禮拜就還你。」

實踐證明，逆向思維是一種十分重要的思考方法。個人的逆向思維能力，對於全面人才的創造能力以及解決問題能力，都具有非常重大的意義。

逆向思維法，不是一種培訓或自我培訓的技法，而僅僅是一種思維的方法或發現的方法，然而要挖掘人才能力，有必要瞭解這一方法。因為在實踐中使用這一方法，可以取得驚人的效果。

人類的思維具有方向性，存在著正向與反向之差異，由此產生了正向思維與反向思維兩種形式。正向思維與反向思維只是相對而言的，一般認為，正向思維是指沿著人們的習慣性思考路線去思考，而反向思維則是指背逆人們的習慣路線去思考而產生的新方向。

正反向思維起源於事物的方向性，客觀世界存在著互為逆向的事物，由於事物的正反向，才產生思維的正反向，兩者是密切相關的。人們解決問題時，習慣於按照熟悉的常規的思維路徑去思考，即採用正向思維，有時能找到解決問題的方法，收到令人滿意的效果。然而，實踐中也有很多事例，對某些問題利用正向思維卻不易找到正確答案，一旦運用反向思維，常常會取得意想不到的功效——這說明反向思維是擺脫常規思維的羈絆，是一種具有創造性的思維方式。

逆向思維可以改善否定自己

著名哲學家叔本華曾經說：「人千萬不能生活於他人對自己的評價之中。」因為「他」認為，自己能否自在、獨立地生活生存，最重要最本質的前提是保持身體健康，這是一個人是否幸福的基礎，他人對自己的評價與幸福無關。完美主義者的其中一種類型是「被完美者」，這類人追求完美的動機是為了滿足他人的期望，這也是人們通常犯的錯誤，就是過於重視他人對自己的評價。

心理學上，關注他人對自己的評價是一種很正常的心理現象。過分高估他人說的話，在抬舉別人的同時貶低了自己。一百個人眼中有一百個哈姆雷特，每個人都會對他人持有不同的看法，他人的觀點不一定正確，沒有必要對別人的評價那麼較真、那麼重視。

人是群居動物，個體受到他人的負面評價時，擔心被群體排斥，為了獲得社會認同感，便會進行自我調整。「被完美者」特別在乎別人對自己的評價，無法客觀地分析他人評價的對錯。當聽到別人的負面評價時，首先想到的是「我怎麼又沒做好」，「我怎麼會這樣做」，「我怎麼就這樣笨」，「為什麼我總是做不好」……

這是他們最直觀的想法，他們不知道換種方式去想：「換了別人就一定能做好嗎」，「這事確實是有難度」，「今天做不好，沒關係，我會努力提川自己」……假如改變自己的想法，反向去想，就不會對自己有過多的自責。

面對一件沒有做好的事，不要一味責怪自己，要根據具體原因去分析。要是自己不夠努力沒做好，以後就要努力去做；要是自己已經盡力而為了，那就坦然接受失敗並原諒自己，沒有人能什麼事情都做好。

我們無論做任何事情，都要有逆向思維的能力，都應該有這樣的想法，無論如何改變，也不可能得到所有人的喜歡，這是誰都無法否定的事實。太在意別人對自己的看法，只會讓自己無所適從，從而產生焦慮。當一個人失去自我時，也就失去了讓自己幸福的能力。

一位畫家，畫了一幅美女圖，他對自己的作品感到很滿意，認為找不出一點缺點。為了證實自己的想法，第二天，他來到人來人往的橋頭，把畫夾在畫架上，讓路人圈出他們認為最不滿意的地方。沒想到，一上午下來，畫家自認為沒有缺點的畫上，被人畫滿了圓圈。

畫家很難過，沒想到自己畫得這麼差勁，沮喪到極點，快快地收了畫回了家。一連幾天，畫家都垂頭喪氣，不想再畫畫了，想到自以為無瑕的畫被人貶得一無是處，內心充滿焦慮。

鄰居一位老者看到悶悶不樂的畫家，問他發生了什麼事？畫家把事情經過說了一遍，老者說，明天你還去橋頭，讓路人圈出他們認為最滿意的地方。畫家詫異地看著老者，他說：「每個地方都是缺點的畫，怎麼可能有人會認為滿意呢？」老者說：「聽我的，你儘管去。」

第二天，畫家於是再次來到橋頭。他懷著忐忑不安的心情，把畫夾到畫架上，讓路人圈出他們認為最滿意的地方。令人不可思議的一幕出現了，很多人拿起一旁的筆，在畫上圈出他們認為最滿意的地方。一上下午來，整張圖被畫滿了圈圈呢！

因為別人的否定，讓畫家信心全無，一幅第一天被人畫滿不滿意的畫，第二天卻被人又畫滿了滿意。同一幅圖畫卻有不同的結果，畫沒變，而是看畫的人變了，這個故事有力地證明了不同的人對同一事物有著不同看法的理論。

心理學家認為，一個人若太過在意他人的評價而感到焦慮，那就應該堅守住「本性」。這裡，讓我們堅守「本性」，實際上是從源頭對應焦慮與挫敗感。換句話說，就是進行逆向思維。那麼，如何才能逆向思維，堅守住「本性」呢？

（1）尋找自我價值　完美主義者總是專注於把事情做得更好，卻忽視已經取得的成功。羅列自己獲得的成功，哪怕是很小的成績，這樣有助於找到自我價值感，進內建立起自我認同感。

（2）每天記錄令自己比較滿意的事　準備一個小本子，一天結束時，在本子上記錄下當人令自己比較滿意的結果。一週結束，拿出本子看看一週的成就，然後給自己些獎勵。

（3）自己滿意就好　有人喜歡你，也有人不喜歡你，我們無法做到讓所有人都喜歡。喜歡你的人會包容你的一切，不喜歡你的人怎麼努力都沒用，只要讓在乎你的人滿意就行，其他人的評價聽過就好，別放到心裡去。

（4）做自己就好　樹立正確的自我認知，不要把自我價值依附在他人的評價中，做好自己就行。努力做讓自己滿意的事，而不是活在他人的期望中，這樣有助於建立自信心，能有效改變「被完美」帶來的焦慮與挫敗感。做到讓自己滿意的方法有以下兩種。

第一：做自己想做的事，以自己的方式做事，享受過程，即使結果不滿意，也能坦然接受。如果最後發現有更好的選擇，也不要後悔，因為那一刻曾經是最好的選擇。

第二：做一件事前，要先問問自己，做這件事值不值，有沒有意義，有沒有好處，有沒有幫助？回答「是」越多，就說明越是接近自己心裡最想要的，那就果斷去做。如果「否」太多，就是否定了很多自我想要的，更多的可能是在乎別人的看法，那就拒絕去做。

不管別人如何評價，首先是要認清自己，對自己有正確的認識。如果選擇了一條正確的道路，只顧埋頭前行就可以了。路是自己走的，再苦再累他人都沒法代走一步。只要一直在路上，哪怕每天只是一點點進步，目的地總會越來越近。

每個人的人生都是自己的，即使活在別人的評價裡，按著別人的方式去生活，也走不進別人的世界，在別人的故事裡永遠只是路演。對於別人的負面評價，反過來可以這樣想：「別人評價我，說明我是一個被關注的人，說不定他們是因為嫉妒我呢！」這種可能是存在的，不管別人如何評價，都要相信自己。

叔本華還說：「所有人最有價值的東西以及真正的人生，都是掌握在自己手中，而不是靠別人如何看待。」生活在別人的評價之中，只會讓自己更焦慮、更產生挫敗感、更不知所措……所以，不管你是誰，只管做自己！

「逆向思維法」的三大類型

一、反轉型逆向思維法

這種方法是指從已知事物的相反方向進行思考，產生發明構思的途徑。

「事物的相反方向」常常從事物的功能、結構、因果關係等三個方面作反向思維。比如，市場上出售的無煙煎魚鍋就是把原有煎魚鍋的熱源由鍋的下面安裝到鍋的上面。這是利用逆向思維，對結構進行反轉型思考的產物。

二、轉換型逆向思維法

這是指在研究問題時，由於解決這一問題的手段受阻，而轉換成另一種手段或轉換思考角度思考，以使問題順利解決的思維方法。

如歷史上被傳為佳話的司馬光砸缸救落水兒童的故事，實質上就是一個用轉換型逆向思維的例子。由於司馬光不能通過爬進缸中救人的手段解決問題，因而他就轉換為另一手段，破缸救人，進而順利地解決了問題。

三、缺點逆向思維法

這是一種利用事物的缺點，將缺點變為可利用的東西，化被動為主動，化不利為有利的思維發明方法。這種方法並不以克服事物的缺點為目的，相反地，它是將缺點化弊為利，找到解決方法。例如，金屬腐蝕是一種壞事，但人們利用金屬腐蝕原理進行金屬粉末的生產，或進行電鍍等其他用途，無疑是缺點逆向思維法的一種應用。

逆向思維法的應用範圍

正反向思維起源於事物的方向性，客觀世界存在著互為逆向的事物，由於事物的正反向，才產生思維的正反向，兩者是密切相關的。人們解決問題時，習慣於按照熟悉的常規的思維路徑去思考，即採用正向思維，有時能找到解決問題的方法，收到令人滿意的效果。然而，實踐中也有很多事例，對某些問題利用正向思維卻不易找到正確答案。一旦運用反向思維，常常會取得意想不到的功效。

逆向思維法應注意的問題

一、必須深刻認識事物的本質，所謂逆向不是簡單的表面的逆向，不是別人說東，我偏說西，而是真正從逆向中做出獨到的、科學的、令人耳目一新的超出正向效果的成果。

二、堅持思維方法的辯證方法統一，正向和逆向本身就是對立統一，不可截然分開的，所以以正向思維為參照、為座標，進行分辨。才能顯示其突破性。

逆向思維的營銷售運作

據說，一位裁縫在吸煙時不小心將一條高檔裙子燒了一個窟窿，致使其成為廢品。這位裁縫為了挽回經濟損失，憑藉其高超的技藝，在裙子四周剪了許多窟窿，並精心飾以金邊，然後，將其取名為「鳳尾裙」。推出之後，想不到大受歡迎！不但賣了個好價錢，還一傳十、十傳百，使不少女士上門求購，其生意十分紅火。該裁縫這種思維方式確實值得稱道。

缺陷與市場，從尋常眼光看，確實存在著難以逾越的鴻溝，但是尺有所短，寸有所長，商品本身存在著某些方面的不足，對於一定的市場而言，也許的確是缺陷，是不容許的，但從另一角度看，又未嘗不是潛在的市場呢？只要善於尋找兩者的最佳結合點，就可以創造出市場，開闢出新天地，市場經濟的實踐告訴人們，唯思路常新才有出路。墨守成規、邯鄲學步，亦步亦趨的經營思維方式在今天已難以取得商戰的勝利了。成功的喜悅總是屬於那些不落俗套、富於創意，勇於實踐的人們——逆向思維在市場營銷中，往往屢建奇功！

逆向思維的經營之道

美國有一種番茄醬，跟同類產品比起來，濃度太高，特別濃稠，很多家庭主婦在使用時，總覺得不方便，市場前景不被看好。起初，經銷公司想重新研製配方，降低濃度，重新生產，但又覺得十分困難，風險又大。於是，他們認為，產品的缺點，其實正是它的優點。因為濃度高，說明番茄醬的成分多，水份少，營養更加豐富，味道更加純正。於是，他們加大宣傳力度，使這種觀點家喻戶曉。很快，其市場佔有率躍居同類產品榜首。

有時，按照常理，「循規蹈矩」地搞營銷，往往成效甚微，甚至蝕了老本。倘若打破常規，逆向思維，獨闢蹊徑，想人之所未想，為人之所未為，很可能會出奇制勝。

在創業的路上，很多人冥思苦想，常常苦於生意難做、企業難辦。如果能突破常規思維的樊籬，有意識運用與傳統思維和習慣不同的逆向思維方法，「反彈琵琶」，往往「曲徑通幽」，取得意想不到的效果。

創造財富，雖然是一件很不容易的事情，但只要創新思維，經營得法，就是處於「絕境」，也是可以求得「生機」，關鍵要看經營者有否洞察市場的「眼力」，能在瞬息萬變的市場中，發現市場的縫隙，捕捉到商機；要看出手是否靈敏，能先人一步，搶占市場的先機；要看有否「膽識，敢於充當第一個「吃螃蟹」的人，有一種勇於承擔風險的歷氣。如此，才能在風雲變幻的市場中，把握機遇，贏得一席之地，創造和積累財富。

「逆向思維」就是要善於打破慣性思維，開拓新的思路！

隨時隨地，讓腦筋轉個彎兒吧，神奇結果就在前頭等著——

日本有家「東洋人造絲公司」，他們在生產中遇到一個難題，即合成每根紗的5根線粗細總是紡得不均勻，技術人員想盡辦法也解決不了這個難題，大量次級品直接影響了公司的效益。

這時有個生產班長建議，既然5根線紡不均勻，何不索性生產一種表面粗糙的布料，給一貫追求光滑閃亮衣服的顧客來個「意外的驚奇」呢？

於是，公司採納了他的建議，結果這種表面粗糙、質地柔軟的新型布料投入市場之後，出乎意料地很受顧客歡迎。次級品的處理辦法通常是銷毀或降價銷售，而日本那家公司轉換思路，使次級品搖身一變為暢銷品，收到意想不到的效果。

「逆向思維」是對司空見慣的事物觀點，作出反其道而行，站在相反的立場來思考，倒過來思考反而能打破僵局，取得美好的進展，同時也能將複雜的事物或困擾的問題給予明朗化、簡單化。

「我總是反過來思考！」

「股神」巴菲特的合夥人查理・芒格思考問題總是從逆向開始：如果要明白人生如何獲得幸福，他首先研究的是人生如何才能變得痛苦；要研究企業如何做得強大，他去研究的卻是企業如何衰敗；大部分人關心的是如何投資成功，他本身作為一個頂級成功的投資者，研究的卻是為什麼股市投資的人為什麼大多數失敗了。

在他漫長的一生中，他持續不斷地收集各式各樣的人物、企業以及政治、學術研究等領域中的人類失敗案例，並把那些失敗原因排列成正確決策的檢查清單。這使得他在人生以及事業投資中幾乎不犯下重大錯誤。

查理一輩子研究人類災難性的錯誤，對於人類心理傾向引起的災難性錯誤尤其情有獨鍾；查理一生研究人類失敗的原因，所以對於人性的弱點有著深刻的理解。

基於此，他認為人對自己要嚴格要求，一生不斷提高修養，以克服人性本身的弱點。

查理說：「反過來思考，我總是反過來思考！」

他有一句俏皮話是說：「如果我知道了我將來會死在什麼地方，這樣我就不會去那兒了。」

這種生活方式對查理而言是一種自信。在外人看來，查理可能返老還童太天真了，但在查理看來，這個過程既是理性又愉悅，能夠讓人過上成功、幸福的人生。

順著思考往往是大多數人的選擇，例如，有一天深夜你到ＡＴＭ領款，卻發現機器沒吐出現金，你聯絡業務人員的時候該說什麼？是說取款機沒有現金了嗎，你這樣說銀行才不會管你呢。但如果你說，取款機一直不停地多吐出很多錢，他們很快就會出現。

順著思考不通的時候，反過來思考也行會得到意想不到的效果。

與常規思維不同，逆向思維是反過來思考問題，是用絕大多數人沒有想到的思維方式去思考問題，所以也叫求異思維。運用逆向思維去思考和處理問題，實際上就是以「出奇」去達到「制勝」。

逆向思維的啟蒙

例如：洗衣機脫水缸的轉軸是軟的，搖搖晃晃，為的是高速脫水時轉得很平穩。不過，一開始這個轉軸是硬的，因為一般的軸都是硬的。但脫水時會產生劇烈的顫抖和噪聲。技術人員一開始的方案是加粗加硬轉軸，全部無效，最後還是逆向思維幫了忙，為什麼不能用軟軸呢？這才解決了問題。

又如：早期的破冰船，用自身的重量從上往下壓碎冰層，所以很重，費燃料，而且很慢，遇到很厚的冰層，還不管用。前蘇聯的科學運用逆向思維，設計出一個從下往上「頂」碎冰層的新型破冰船。因為藉助水的浮力，所以新型破冰船重量大大減輕，節約能源，還很輕巧，就算很厚的冰層也是「頂」碎。

這兩個都是典型的逆向思維的案例：一個是把「硬軸」變成「軟軸」，一個是把「往下壓」變成「往上頂」。

培養逆向思維的能力要從兩個方面努力：

一個方面是方法訓練。像辯論賽的選手都要鍛鍊逆向思維的能力，他們會把一件的正常邏輯全部列出來，一個個的分析，如果反過來會有哪些發現；他們還會選擇那些大眾都深信不疑的觀點，一個個拿出來反駁，從各種角度反駁。大量的訓練，可以把逆向思維培養成自己的一種本能。

另一個方面是大量的儲備各種知識，而且要在各種知識之間建立橫向的聯絡。像前面洗衣機的軟軸設計，工程師也是在看到一種植物的構造之後，才聯想到洗衣機的構造，把這兩類完全不相干的知識聯絡在一起。把問題反過來想的能力，其實真正考驗的不是你會不會「逆反」，反而是你的常規思維的邏輯能力是不是足夠強大，知識面是不是夠廣，這就是「守正出奇」的道理。

眾所周知的「司馬光砸缸。」有人落水，常規的思維模式是「救人離水」，而司馬光面對緊急險情，運用了逆向思維，果斷地用石頭把缸砸破，「讓水離人」，救了小夥伴性命。

另外，有一位母親有兩個兒子，大兒子開染布作坊，小兒子做雨傘生意。每天，這位老母親都愁眉苦臉，天下雨了怕大兒子染的布沒法晒乾；天晴了又怕小兒子做的傘沒有人買。一位鄰居開導她，叫她反過來想；雨天，小兒子的傘生意做得紅火；晴天，大兒子染的布很快就能晒乾。

逆向思維使這位老母親眉開眼笑，活力再現。

運用逆向思維去思考和處理問題，實際上就是以「出奇」去達到「制勝」，讓問題變得更簡單。

因此，逆向思維的結果常常會令人大吃一驚，喜出望外，別有所得。

在生活中，人們習慣於沿著事物發展的正方向去思考問題並尋求解決辦法。其實，對於某些問題，尤其是一些特殊問題，從結論往回推，以終為始，倒過來思考，從求解回到已知條件，反過去想或許會使問題簡單化。

逆向思維的特點

（一）普遍性逆向思維圖冊逆向性思維在各種領域、各種活動中都有適用性，由於對立統一規律是普遍適用的，而對立統一的形式又是多種多樣的，有一種對立統一的形式，相應地就有一種逆向思維的角度，所以，思維也有無限多種形式。

如性質上對立兩極的轉換：軟與硬、高與低等；結構、位置上的互換、顛倒：

上與下、左與右等；過程上的逆轉：氣態變液態或液態變氣態、電轉為磁或磁轉為電等。不論那種方式，只要從一個方面想到與之對立的另一方面，都是逆向思維。

（二）批判性逆向是與正向比較而言的，正向是指常規的、常識的、公認的或習慣的想法與做法。

逆向思維則恰恰相反，是對傳統、慣例、常識的反叛，是對常規的挑戰。它能夠克服思維定勢，破除由經驗和習慣造成的僵化的認識模式。

（三）新穎性循規蹈矩的思維和按傳統方式解決問題雖然簡單，但容易使思路僵化、刻板，擺脫不掉習慣的束縛，得到的往往是一些司空見慣的答案。

其實，任何事物都具有多方面屬性。由於受過去經驗的影響，人們容易看到熟悉的一面，而對另一面卻視而不見。

逆向思維能克服這一障礙，往往是出人意料，給人以耳目一新的感覺。

思考不是靠第一反應，你認為的並不一定都是正確的，多作逆向思維能使思維更加靈活找到更多解決問題的途徑。

因為我們人們總是習慣於沿著事物發展的正方向去思考問題並尋求解決辦法。其實，對於某些問題，尤其是一些特殊問題，從結論往回推，倒過來思考，從求解回到已知條件，反過去想或許會使問題簡單化。

當你抓住別人忽略的細節，當你想到別人疏忽的細節。當你提出讓大家一愣的觀點。那麼毫無疑問，你就是逆向思維的人！

那究竟該如何培養逆向思維呢？

（一）用現成的典故思考：選擇一些喜歡的經典的童話或寓言故事，從另外的角度從小構想故事的結局，這樣能意識到事物具有許多不同的方面。

例如：白雪公主的故事。如果白雪公主聽從七個小矮人的話，不吃毒蘋果。那麼她會有怎樣的結局呢？

（二）用生活方式思考：在日常生活中，可以特意訓練思維轉換。比如：「吃飯以後喝杯咖啡」。也轉換為「飯前先喝杯咖啡再吃飯」。這種逆轉的順序，可能會讓你胃口大開。

做一個有趣的討論，當大多數人，刻意的去訓練，鍛鍊自己逆向思維的能力。

開始改變自己的思考方式和方向式。那麼沒有做出改變的人，從多數變成了少數。那麼他思考的結果和大多數人不同。是不是他的思維，反而變成了逆向思維？

也許這個討論，每個人心中都有不同的答案。可逆向思維究竟是什麼，大概還在許多人心目裡比較含糊。個人感覺，大家不妨去理解一句盡人皆知的老話「物以稀為貴」。個人感覺，當面對一些問題和事情，自己的理解和解決的方式，和大多數人不同的時候，就是所謂的逆向思維。

在團隊中，人們往往順著大家的腳步走，而不敢「杵逆」大家，深怕自己變成一個討人厭的傢伙。

然而，從眾心理，只能解決一個心理作用。比如，大家都走左邊這條路，你覺得這條路有危險，但你還是願意跟著大部隊走，因為你會想，如果有危險，大家都有危險，所以，要倒楣大家一起倒楣，也就覺得「沒那麼倒楣」。如果你逆反心理，走了右邊這條路，結果偏偏你倒楣，你就會覺得「特別倒楣」。

一般來說，沿著人們習慣性思考的路徑來思考問題，是正向思考，那背逆人們思考方向的路線便是逆向思考。這種人思維活躍，想法別緻，有自己獨特的思考方式。舉個例子，老師讓學生們花最少的錢買一樣東西，要求是把整個教室都裝滿。

有的學生買來裝飾畫，有的學生買膠帶……他們都沒有達到老師的要求，但有位學生用一根蠟燭，就可以用光芒照亮教室的每個角落。這就是逆向思維。

逆向思維的可貴之處在於，你沒有人云亦云，而是提供了一個新的點和方向，以供大家推敲。不管最後的結果是不是不走尋常路。起碼你的想法，為大家提供了新的延伸。我們不要求逆向思維的人，最終必然能夠帶來解決問題的辦法和答案。但最少，他提供了一個全新的想法和思路。這樣，可以讓人們在面對問題的時候，考慮的更加全面和周詳。

逆向思維的創造

逆向思維它是對司空見慣的似乎已成定論的事物或觀點反過來思考的一種思維方式。敢於「反其道而思之」，讓思維向對立的方向發展，從問題的相反面深入地進行探索，樹立新思想，創立新形象。

當大家都朝著一個固定的思維方向思考問題時，而你卻獨自朝相反的方向思索，這樣的思維方式就叫逆向思維。人們習慣於沿著事物發展的正方向去思考問題並尋求解決辦法。其實，對於某些問題，尤其是一些特殊問題，從結論往回推，倒過來思考，從求解回到已知條件，反過去想或許會使問題簡單化。

逆向思維，還不如說換個角度考慮問題。人的慣性思維方式決定了能跳出束縛從多個方面考慮觀察現象需要天分和練習。在形象思維的多角度上，比如你坐在路邊的長椅上看匆匆路人，從第一視角去看經過的人，能否利用聯想、空間位移、場景重構等方法以路人的眼光來看坐在長椅上的你？你坐在車裡看外面的人，想想如何用場景重建方式以外面人的眼光來觀察車內的你？這樣在形象思維的換位觀察有助於獲得某個物體或某個人的全面認識。多練習一定可以掌握。久而久之就可以對事物的觀察領悟能力提升至新的水平。

在邏輯思維方面，人們總是因為光環效應和認知偏差，僅僅注意到窄範圍信息和對自己有利的信息。想跳出認知窠臼，需要從壞事中發現希望，在好事中發現隱患。比如丟了手機錢包是件很惱火的事情，如果你利用逆向思維法，從中發現好的一面：幸好沒有裝太多的錢或者丟更重要的證件；車胎爆胎很懊惱，如果你想像這幸好沒有發生在高速公路上……

一九三八年，匈牙利記者拉迪斯洛・比羅在裝有快乾墨水的管子頂端安裝了能夠旋轉的小金屬球，由此發明了一種利用鋼珠的旋轉把油墨寫到紙上的一種書寫工具——圓珠筆（即原子筆）。早期的圓珠筆因為容易漏油，並未獲得廣泛應用。為了解決這個問題，很多人都嘗試著從如何減少圓珠筆漏油的思路上去尋找解決方案，但所有的解決方法都不太理想。

當日本的商人發現當圓珠筆的筆珠寫了2萬字之後，筆珠就會因磨損而蹦出，油墨就會流出來。因此許多圓珠筆生產廠商投入大量經費進行研究，對圓珠筆進行了改良，用耐磨效能極好的不鏽鋼和寶石來做圓珠筆的筆珠子。這樣筆頭耐磨效能問題是解決了，但是人們又發現了圓珠筆在使用過程中新的問題：由於筆芯頭部內側與筆珠接觸的部分被磨損，又產生了漏油的問題。

正當各大廠商又開始為解決圓珠筆新的漏油問題進行投入研究的時候，日本發明家中田藤山郎想出了一個非常巧妙而又不用投入研發經費的辦法來解決這個問題。他的解決方案是這樣的：既然圓珠筆是在寫到2萬字左右開始漏油的，那麼我們就控制圓珠筆筆芯中的油墨量，把圓珠筆所裝的油墨量控制到2萬字以內，也就是說在筆珠內側磨損產生漏油問題前就把油墨用完，從而宣告這支筆的報廢。經過多次試驗，他終於解決了圓珠筆的漏油問題。

後來中田藤山郎還專門為他的這個方案申請了專利，並且他的企業生產的短支圓珠筆受到了廣大顧客的歡迎。有人說中田藤山郎的這種解決方案不就是偷工減料？但其實不然，他解決了當時人們投入了大量資源都不能很好解決的問題，其實這是一種思想上和方法上的創新，這個就是逆向思維。

我覺得學習和提高這方面要學會用相對論的形式去思考問題，逆向思維其實最核心的來源就是相對論，如果你思考這個事情一直是這個方向，那如果反方向思考下又會怎樣，這個就是逆向思維的創造。它可以改變你的命運，讓你擁有一個與現在不同的人生。

第八章

布里丹毛驢效應

——在決策過程中猶豫不決，只能錯失良機。

人生的布里丹效應

「布里丹毛驢效應」有很多說法：布利丹效應、布里丹效應、布里丹之驢、布里丹選擇、布里丹困境。

「布里丹之驢」是以14世紀，法國哲學家布里丹的悖論（矛盾命題）引申而出名的。他證明了兩個相反而又完全平衡的推力下，要隨意行動是不可能的。他舉的實例就是：一頭驢在兩捆完全等量的草堆之間是完全平衡的。既然驢無理由選擇吃其中哪一捆草，那麼它永遠無法作出決定，只得最後餓死。

故事是這樣的——

布里丹養了一頭小毛驢，他每天要向附近的農民買一堆草料來餵它。

這天，送草的農民出於對哲學家的景仰，額外多送了一堆草料放在旁邊。這下子，毛驢站在兩堆數量、品質和與它的距離完全相等的乾草之間，可為難壞了。它雖然享有充分的選擇自由，但由於兩堆乾草價值相等，客觀上無法分辨優劣，於是它左看看，右瞅瞅，始終無法分清究竟選擇哪一堆好。

於是，這頭可憐的毛驢就這樣站在原地，一會兒考慮數量，一會兒考慮品質，一會兒看看顏色，一會兒猜猜新鮮度，猶猶豫豫，來來回回，在無所適從中活活地餓死了。

那頭毛驢最終之所以餓死，導致它最後悲劇的原因就在於它左右都不想放棄任何一邊，不懂得如何決策。人們把這種決策過程中猶豫不定、遲疑不決的象稱之為「布里丹毛驢效應」。

然而，該悖論並非布里丹首先提出。亞里斯多德在《論天》中第一次發現了該悖論，他問道面對兩塊相同誘人的肉，狗該如何作出理性的選擇。布里丹並沒有討論這個問題，但該問題與其思想相關，布里丹借此提倡道德決定論：除了無知和存在阻礙以外，人在面對可選擇的行為路線時，總是必然選擇更大的善。布里丹承認意志可能會擱置選擇，以便更全面地評估選擇結果的可能結果。後世的著作家諷刺面對兩堆一樣稱心如意且可吃到的乾草時，驢子卻會因思考如何決定而必然餓死的觀點。

該悖論出現的另一個背景是企圖為信仰作辯護。這一論證是，就像挨餓的驢，我們必須作出非理性的選擇以避免陷於無盡的懷疑。而典型的反對意見認為，該悖論犯了稻草人謬誤，其中描述的理性能力過於狹隘，而事實上理性允許跳出怪圈進行思考。換言之，承認兩個選擇都相同的善並且隨意選擇一個而免於餓死，這完全是合乎理性的。此外還存在其他一些反對意見。

俗話說：「魚和熊掌不可兼得」。「布里丹效應」產生的根源之一，恰恰是違背這條目標定律，既想得到魚，又想得到熊掌，其行為結果是魚和熊掌皆失。這種思維與行為方式，表面上看是追求完美，實際上是貽誤良機，是在可能與不可能、可行與不可行、正確與謬誤之間錯誤地選擇了後者，是最大的不完美。

每個人在生活中經常面臨著種種抉擇，如何選擇對人生的成敗得失關係極大，因而人們都希望得到最佳的結果，常常在抉擇之前反復權衡利弊，再三仔細斟酌，甚至猶豫不決，舉棋不定。但是，在很多情況下，機會稍縱即逝，並沒有留下足夠的時間讓我們去反覆思考，反而要求我們當機立斷，迅速決策。如果我們猶豫不決，就會兩手空空，一無所獲。

在蒲松齡的中有這樣一則故事：兩個牧童進深山，入狼窩，發現兩隻小狼崽。

他倆各抱一隻分別爬上大樹，兩樹相距數十步，片刻老狼來尋子。一個牧童在樹上掐小狼的耳朵，弄得小狼嗷叫連天，老狼聞聲奔來，氣急敗壞地在樹下亂抓亂咬。

此時，另一棵樹上的牧童擰起了小狼的腿，這隻小狼也連聲嗷叫，老狼又聞聲趕去，就不停地奔波於兩樹之間，終於累得氣絕身亡。

這隻狼之所以累死，原因就在於它企圖救回自己的兩隻狼崽，一隻都不想放棄。實際上，只要它守住其中一棵樹，用不了多久就能至少救回一隻。

這隻狼之所以累死，是因為它犯了一個錯誤，那就是布里丹毛驢效應。更為可悲的是，它不僅在實質上，而且在形式上也完整地再現了這一效應的形成過程。

在我們每一個人的生活中也經常面臨著種種抉擇，如何選擇對人生的成敗得失關係極，因而人們都希望得到最佳的抉擇，常常在抉擇之前反復權衡利弊，再三仔細斟酌，甚至猶豫不決，舉棋不定。但是，在很多情況下，機會稍縱即逝，並沒有留下足夠的時間讓我們去反覆思考，反而要求我們當機立斷，迅速決策。如果我們猶豫不決，就會兩手空空，一無所獲。

有個農民的妻子和孩子同時被洪水沖走，農民從洪水中救起了妻子，不幸孩子被淹死了。對此，人們議論紛紛，莫衷一是。有的說農民先救妻子做得對，因為妻子不能死而復生，孩子卻可以再生一個；有的卻說農民做得不對，應該先救孩子，因為孩子死了無法復活，妻子卻可以再娶一個。

一位記者聽了，也感到疑惑不解，便去問那個農民，希望能找到一個滿意的答案。想不到農民告訴他：「我當時什麼也沒有想到，洪水襲來時妻子就在身邊，便先抓起妻子往邊上游，等返回再救孩子時，想不到孩子已被洪水沖走了。」

在印度流傳著這樣一個故事：古印度有一位哲學家，以其過人的智慧迷倒了無數女性。有一天，一位美女來敲他的門，說：「讓我做你的妻子吧！錯過我，你將再也找不到比我更愛你的女人了！」哲學家雖然很高興，但是仍理智地回答：「嗯，讓我先考慮考慮吧！」

之後，哲學家將結婚與不結婚的優劣羅列出一堆來，卻發現兩種選擇好壞均等。於是，他陷入了苦惱之中。最後，他得出一個結論就是在面臨抉擇無法取捨的時候，應該選擇自己尚未嘗試過的去做。不結婚的生活自己已經感受過了，但結婚的甜美自己還不知道……到了最後，他決定答應那個美女的請求。

於是，哲學家便來到美女的家中，和她的父親說：「您的女兒現在在哪？我已經考慮清楚了，我同意娶她為妻了！」這位父親聽了，十分冷漠地回答：「哦，您這位偉大學者的決定，讓我覺得很榮幸，但你已經來晚了十年，我女兒現在已經是三個孩子的媽媽了！」

雖然是個笑話，但發人深省：哲學家表面上是以一種絕對理性的態度來決定自己的婚姻，但實際上是因為對選擇充滿了恐懼，希望能以一種自以為理性的手段來對抗自身的恐懼而落得如此結果。

「布里丹毛驢效應」是決策之大忌。當我們面對兩堆同樣大小的乾草時，或者「非理性地」選擇其中的一堆乾草，或者「理性地」等待下去，直至餓死。前者要求我們在已有知識、經驗基礎上，運用直覺、想像力、創新思維，找出盡可能多的方案進行抉擇，以「有限理性」求得「滿意」結果。

那麼我們該探討出什麼可以解決「布里丹毛驢效應」的辦法呢？

一、穩健決策

有一個流傳很廣的笑話說：齊國有個女孩，兩個人同時來求婚。東家的兒子很醜但是家財萬貫，西家的兒子相貌英俊但是很窮。那女孩的父母不能決定選誰，就去問他們的女兒想嫁給哪個。女兒不好意思說話，母親就說，你想嫁哪個就露出哪邊的胳臂。結果女兒露出兩個胳臂。母親奇怪地問她原因，女兒說：「我白天想在東家吃飯，晚上想在西家住。」

在東家吃飯在西家住，看上去是一個笑話，但卻不失為了一種穩健的決策取向。在很多情況下，當一種趨勢出現時，有些人一個勁地陷入哪個好哪個壞的爭論之中，事實上沒有這個必要，只要沒有明確的兩者擇一的必要，就不必太早決策。

二、獨立思考

不能獨立思考，總是人云亦云，缺乏主見的人，是不可能做出正確決策的。如果不能有效運用自己的獨立思考能力，隨時隨地因為別人的觀點而否定自己的計畫，將會使自己的決策很容易出現失誤。

從前，有兄弟兩個看見天空中一隻大雁在飛，哥哥準備把它射下來。說：「等我們射下來就煮著吃，一定會很香的！」這時，他的弟弟抓住他的胳膊爭執起來：「鵝煮著才會好吃，大雁要烤著才好吃，你真不懂吃。」哥哥已經把弓舉起來，聽到這裡又把弓放下，為怎麼吃這隻大雁而猶豫起來。就在這時，有一位老農從旁邊經過，於是他們就向老農請教。老農聽了以後笑了笑說：「你們把雁分開，煮一半烤一半，自己嘗一嘗不就知道哪一種方法更好吃了？」

哥哥大喜，拿起弓箭再回頭要射大雁時，大雁早已無影無蹤了，連一根雁毛都沒有留下。

三、決策紀律

一個越國人為了捕鼠，特地弄回一隻擅於捕老鼠的貓，這隻貓擅於捕鼠，也喜歡吃雞，結果越國人家中的老鼠被捕光了，但雞也所剩無幾，他的兒子想把吃雞的貓弄走，作父親的卻說：「禍害我們家中的是老鼠不是雞，老鼠偷我們的食物咬壞我們的衣物，挖我們的牆壁損害我們的傢俱，不除掉它們我們必將挨餓受凍，所以必須除掉它們！沒有雞大不了不要吃罷了，離挨餓受凍還遠著哩！」

利與弊往往是事情的一體兩面，很難分割。有的人明明事先已經編制了能有效抵禦風險的決策紀律，但是一旦現實中的風險牽涉到自己的切身利益時，往往就不容易下決心執行了。很多股民在處於有利狀態時會因為賺多賺少的問題而猶豫不決，在處於不利狀態時，雖然有事先制定好的止損計畫和止損標準，可常常因為最終使自己被套牢。

四、目標合理

不要總是試圖獲取最多利益。過高的目標不僅沒有起到指示方向的作用，反而由於目標定得過高，帶來一定心理壓力，束縛決策水準的正常發揮。事實上多數環境中，如果沒有良好的決策水準做支撐，一味地追求最高利益，勢必將處處碰壁。

而且，很多人不瞭解儘快停損的重要性，當情況開始惡化時，依然緊抱著飄渺的構想，無法客觀分析狀況，以賭徒的心態，盲目堅守以致持續深陷，直至無法挽回的地步。這時平衡的心態往往更重要。

有個人佈置了一個捉火雞的陷阱，他在一個大箱子的裡面和外面撒了玉米，大箱子有一道門，門上繫了一根繩子，他抓著繩子的另一端躲在一處，只要等到火雞進入箱子，他就拉扯繩子，把門關上。有一次，十二隻火雞進入箱子裡，不巧一隻溜了出來，他想等箱子裡有十二隻火雞後，就關上門，然而就在他等第十二隻火雞的時候，又有二隻火雞跑出來了，他想等箱子裡再有十一隻火雞，就拉繩子，可是在他等待的時候，又有三隻火雞溜出來了，最後，箱子裡連一隻火雞也沒剩了。

五、審時度勢

在不利環境中不能逆勢而動。當不利環境造成損失時，很多人都會急於彌補損失。但是，環境的變化是不以人的意志為轉移的。當環境變壞，機會稀少的時候，如果強行採取冒險和激進的決策，或頻繁的增加操作次數，只會白白增加投資失誤的概率。

美國通用電氣公司總裁傑克・威爾許把決策能力看成是「面對困難處境勇於作出果斷決定的能力」，看成是「始終如一執行的能力」。因此，決策具有複合性，是一種合力，我們必須從自己的洞察力、分析能力、直覺能力、創新能力、行動能力和意志力等方面不斷地訓練，在不斷地失敗與成功之間，我們才能夠不斷地擺脫猶豫不決，進行相對理性的選擇，才不會成為布里丹的驢子！

「布里丹毛驢效應」啟示，只要把眼前的機會抓住了，把手頭的事情辦好了，就意味著勝利，意味著成功。與其在那裡好高騖遠設計，絞盡腦汁地編織出一個又一個方案，不如面對現實，抓住機會，竭盡全力，把眼前最重要的事情辦好。

管理學上的布里丹效應

有這麼一則現代管理的小故事，有一位企業家，隨著事業發展，手下人手日增，人多嘴雜主意多，逢事必爭個不分高下。企業家不知聽誰的好，根本無法形成決策，以致公司的運行陷入癱瘓。企業家懷疑自己無能，不敢見人，整日閉門看報學經。有一天，見報上介紹一個新產品，名加「決策機」，立即買來一臺，並嚴格按照使用說明進行操作。

這一來，凡有需決策之事，他進小黑屋叮叮噹當按幾下機器，便回身答覆「行」或「不行」。手下人不明就理，直誇老闆變得果斷英明。一日，企業慶功，企業家酒後吐真言，英明者乃「決策機」也。手下大喜，既如此，我們何不把這個英明的鋼鐵家伙拆開來研究透了，仿製了來賣？不就賺翻了嗎？於是，說幹就幹，切割機開始工作，切開一層又一層，厚厚的彩色鋼板終於被切開，核心部件露出真面目——硬幣一枚，一面寫著：YES——行。另一面寫著：NO——不行。

以上雖然只是一個笑話，但對於管理者舉棋不定、猶豫不決的態度，可大大地嘲諷了一番，它說明了在管理學中的管理定律應該如何進行：

（1）魚與熊掌不可兼得。我們經常會面臨兩難的選擇，選擇A，擔心失去B；選擇B，卻又擔心失去A。正是這種舉棋不定的心理，讓我們失去了最佳的決策時機。

（2）一山看著一山高。我們爬上了一個山頭，本來這山頭是最高的，可我們看到的是其它的山比它還高，但我們到了另一個山頭，卻發現還是原來的山最高。

（3）選擇只要適合，不追求最好。

（4）制定的目標要有可行性，並不斷修正原目標。

在此，我們也建議您如何來應對「布利丹效應」：

（1）採用穩健的決策方式。

（2）要養成獨立思考的習慣。

（3）嚴格執行一種決策紀律。

（4）不要總是試圖獲取最多利益。

（5）在不利環境中不能逆勢而動。

布里丹效應在管理企業中經常存在的。如果一個管理者在面臨兩難選擇時，舉棋不定或者不知所措，那麼最終結果可能是：輕者企業錯失發展機會，重者企業關門停業。因此，一個管理者能否成功，很大程度上就取決於能否在兩難選擇的困境中，做出及時正確的選擇。

一般說來，管理者遇到事關企業命運的選擇困境，常常發生在確定企業發展方向和塑造企業文化的時候。確定企業發展方向的兩難選擇，主要是和企業的外部競爭策略和價值主張有關。

一、做對事還是把事做對

管理者常常會為這樣的兩難選擇而犯難，要麼是原封不動地執行原定目標，但結果對企業的貢獻又是有限，要麼是另定一個極具潛力的新目標，但結果又需員工的極大努力去實現，此時究竟該如何呢？

彼得・杜拉克曾經在哈佛商業評論上指出：管理者用最高效率做一件最不該做的事，是最無價值的事。杜拉克根據擔任企業顧問65年的經驗，又一次強調做對事的重要性，這是因為現代企業是在一個市場和科技變化更快的環境中經營，目前正確的目標可能經過幾個月後就必須調整，因此，企業根據環境變動及時調整目標就顯得更為重要。

華納總裁西曼爾二〇〇一年臨危受命於雅虎時，發現他的問題不在執行不力，而在經營重點的迷失，在寬頻技術出現以後，雅虎卻仍舊使用原來的設備，結果市場受到經營重點準確的對手酷狗侵蝕，對此西曼爾及時調整經營重點，投入巨資引進最新科技，結果雅虎很快就扭虧為盈。

二、要產品、還是要市場

一般管理者都很在意市場占有率和營業收入這兩個指標，因此，也就非常關注市場和產品這兩個方面。那麼是用現有產品維持市場，還是改進產品擴大市場呢？或者說是繼續和現有客戶做生意，還是尋找新客戶呢？如此管理者必須面對的兩難境地，如果選擇錯誤將會造成公司商譽的損害和資金的浪費。

著名的福斯汽車公司曾因過分注重市場占有率而忽視市場調整，結果付出了慘重代價。該公司的金龜車號稱歷史上最暢銷的車，該車從一九三〇年投產到停產歷經幾十年，然而在二十世紀70年代末期，當日本的豐田、本田公司推出新款式、低價格的新車時，該車的風光已盡，銷售每況愈下，然而公司對此反應卻極為遲鈍，等到公司發現該車的生產成本難以收回時，為時已晚、回天乏力了。

三、要收入、還是要利潤

美國麻省理工學院的斯拉格教授認為：企業發展的關鍵之一，不過是要決定提供的產品中哪些東西要收費，哪些東西可免費。這裡斯拉格實際上道出了賺錢和成長兩者之間選擇的重要性。為賺錢管理者當然可以制定一個高利潤目標，但如此營業收入就難以增長，相反為成長也可以制定一個低利潤目標，但如此營業收入卻可快速增長。那麼面對利潤和收入這兩塊誘人的餡餅，管理者應先啃哪塊呢？對此管理者應依據企業所處的不同階段作出不同選擇。

一般說來，成長中的企業應側重於市場，為此可犧牲一定利潤吸引更多客戶，以便實現企業的迅速成長，而成熟後的企業則應側重於利潤，以此滿足生存所需的支出和保持競爭所需的投資。

四、任務重要、還是關係重要

在企業文化的培植過程中，管理者首先遇到的問題是：是人重要、還是完成任務重要？對此問題其實很難有一個簡單答案，它取決於企業的整體態度，而這種整體態度相當程度上又是由管理者長期塑造形成的，而一旦形成則非一朝一夕所能改變。

通用公司的奇才威爾許最拿手的，就是併購與其文化背景完全不同的企業，他在管理中堅持以人為本，要求各級員工之間要培養深厚的友誼和高度的忠誠，結果企業形成了一個心力一致的經營團隊。

相反，惠普公司的菲奧麗娜在管理中強調任務為首，要求員工做事要講效率重效果，結果企業成為一個高度分權講求人人平等的組織。

儘管以上兩位對人和任務兩者的選擇相異，但他們都取得了驕人的業績。相對來說，菲奧麗娜重視任務的管理模式有利於改變家長式的統治文化，而韋爾許以人為本的模式則有利於整合不同背景的企業。

五、要變動、還是要穩定

管理者經常會遇到如此左右為難的局面，一方面為了企業內部運作的連續，需要保持相對穩定；另一方面為了適應企業外部市場的變化，又需要保持相應變動。那麼兩者之間如何選擇呢？對此問題可以依不同產業性質而定，有些產業變化較快，如資訊業和娛樂業，因而需要保持更多的變動，而有些產業變化較慢，如汽車製造和金融業，因而需要保持更多的穩定，其實就變動和穩定兩者而言，管理者面臨著真正兩難的選擇是：如何在兩者之間保持一個適當的平衡，也就是如何做到既要解決當務之急又不能操之過急。

六、緊急優先、還是重要優先

很多管理者日常工作的最重要部分，就是忙於應付各種緊急事務，而不是處理重要事務。更為不幸的是，他們幾乎都把緊急事務當作重要事務，結果每天都處於焦頭爛額疲於奔命的狀態，其實管理者的重要職責應該是：以優先順序作為設計組織和執行策略的基礎，制定出一套辦事規則，通過自己的以身作則，一以貫之。

富士通的穆利德在二〇〇〇年接管其北美零售部時，該廠已虧損幾年，如此若不能開發新客源創造新財源，結果只會進一步惡化。儘管面臨著增加營業收入的巨大壓力，穆利德還是果斷的調整策略，要求員工專注於重要工作而非緊急工作，結果不出一年公司就從對手那裡搶回不少市場，不出兩年營業收入就增長了40％。

應該說管理中的布里丹之驢困境，是一種無法避免的客觀存在，但如果管理者經常陷入這種令人頭疼心煩的困境之中，往往說明事情已經失控。其實，一個聰明的管理者常常是事先就主動地去探索和思考可能出現的各種兩難困境，以便能夠及時正確地做出選擇，提高企業的環境適應性和組織靈敏度，以使企業立足於不敗之地。

總之，決策者要避免布里丹效應的對策：就必須果斷選擇之後全力打拼。企業必須果斷地抓住時機，確定新的行進方向，集中所有資源不遺餘力地向新方向進發，這是一位優秀決策者應有的前瞻性能力。

「看清了再做」越來越成為一種理想狀態，而不會在現實決策中出現，因為當你看得非常清楚的時候，所有的競爭對手都可能看得很清楚了，那麼這個戰略方向就不可能孕育著「大贏」的機會了。因此，大致看清楚一個方向的時候，企業就必須全力進取，才能夠有所突破。

實際上，在沒有全力進入新方向之前，沒有人可以準確地看清前行的道路，為了抓住機會，企業必須做出果斷的決策。有時候，企業甚至需要進行一場「豪賭」，這是企業最高決策者必須承擔的一項責任。在這個過程中，最怕的是「淺嘗輒止，四面出擊」。

「淺嘗輒止」——很可能在快要挖到井水的時候放棄，而並不能達成目標。

「四面出擊」——只會分散有限的精力和資源，而不可能找到未來的增長點。

大賭有贏也有輸，這是必然的現象。但如果長時間猶豫不決，代價可能更大。格魯夫在回憶英特爾轉型時談到：「路徑選錯了，你就會死亡。但是大多數公司的死亡，並不是由於選錯路徑，而是由於三心二意，在優柔寡斷的決策過程中浪費了寶貴的資源，斷送了自己的前途。所以最危險的莫過於原地不動。」

選擇可能是錯的，但是不選擇的代價可能更高。嚴重地說，後者無異於一種慢性自殺。隨著競爭的損耗，企業的資源越耗越薄，選擇的空間越來越少，看起來選擇多元化的企業像是保留了「東方不亮西方亮」的權力，但實際上喪失的是在任何一點獲得突破的可能性。

第九章

比林定律

——你一生中的麻煩有一半是太快說「是」、有一半是太慢說「不」所造成的。

生活中，經常聽身邊的朋友說：最怕的事情就是拒絕別人。這可能是大多數人的普遍心理。的確，在如何拒絕他人這件事上，很多人都是很費腦筋的。往往是出於愛面子或是怕得罪人的心理，在別人提出一些要求或請求幫助的時候，即使自己很忙，或者自身能力有限，也往往要勉為其難，那個「不」字就是說不出口！

你是否看過美國作家比林寫的書，他認為「人的一生所遇到的麻煩，有一半是由於太快說『是』，有一半是太慢說『不』所造成的。」——這就是著名的「比林定律」。

仔細回想一下，生活和工作中遭遇到的種種挫折與不如意，有多少是因為礙於情面，過於草率地答應了他人的要求，事後卻發現自己能力不夠而造成的呢？那麼，怎麼才能讓自己輕鬆地說出那個重要的「不」字來呢？

說「不」是世上最難的字眼

喜劇大師卓別林曾經說過這樣一句話：

學會說「不」吧！那樣，你的生活將會美好得多。

所以，美國幽默作家比林正是通過這句話來告訴我們：

學會在恰當的時機，選擇恰當的方式表達拒絕，我們的人生會輕鬆很多。

仔細回想一下，生活和工作中遭遇到的種種挫折與不如意，有多少是因為我們礙於情面，過於草率地答應了他人的要求，事後卻發現自己力不能逮而造成的呢？

那麼，怎樣才能讓自己輕鬆地說出那個重要的「不」字來呢？

首先，要多給自己一些積極的暗示，比如「我有權利拒絕他人」。在人際交往中，每個人都可以用社會能接受的方式表達個人的權利和情感，維護自己的合理要求與斤斤計較是不能劃等號的。

其次，在拒絕別人時要講究技巧，委婉表達自己的意願。向對方闡明自己的難處或能力所限；根據對方的情況給出一個合適的建議，即使沒有直接幫忙，卻一樣為他解決了問題。

拒絕的藝術，如同生活中的調味酒，懂得如調配，才會美味可口，才會創造出五彩斑斕的生活。

有一天喬治問父親：「世界上最難發音的是什麼字？」

父親想了一下，說：「我只知道一個這樣的詞，它只有兩個字母，但卻是世界上最難說的字！」

「只有兩個字母！那能是什麼呢？」喬治問。

「在所有的語言裡，我所見過的最難說的詞是只有兩個字母的NO（不）。」

「您在開玩笑！」喬治喊道，並不以為然地連續說，「NO, NO, NO! 這真是太容易了！」

「今天你可能覺得很容易，但以後你會明白為什麼這個詞是最難說的。」

「我總能說出這個詞，我肯定能。」喬治顯得很有信心，「說NO，就和呼吸一樣容易。」

「好吧，喬治，我希望你能在該說這個字的時候，把它說出來！」

第二天，喬治和往常一樣去上學了，在學校不遠處有一個很深的池塘，冬天孩子們常在那裡滑冰。

一夜之間，冰已經覆蓋了整個湖面，但還不是很厚。他們認為到下午的時候就可以滑了。放學了，男孩子都跑到了池塘那兒，有幾個已經走上了湖面。

「來呀，喬治，」伙伴們大聲喊道，「我們可以好好滑一圈了。」喬治有些猶豫，他知道冰凍得並不結實。

「放心吧！以前冰面也在一天之內就凍上過，肯定不會有問題的！」

「去年冬天還沒有現在這麼冷，但是湖面一天就凍上了，我們當時還不是在上面滑了好一陣子呢！」

「只有膽小鬼才不會來呢！」伙伴們譏笑道。

喬治不能忍受伙伴們的嘲笑，他一直都認為自己是一個勇敢的小伙子。「我才不是膽小鬼呢！」他大聲說道，然後就衝上了湖面。孩子們在上面玩得很高興。慢慢地，湖面上的孩子越來越多。突然有人大聲喊：「冰裂了，冰裂了！」結果喬治和另外兩個孩子掉進了冰冷的湖水中。

當人們把他們救出來的時候，三個孩子都凍僵了。

晚上，喬治醒了過來，坐在溫暖的爐火前，父親問：「為什麼不聽我的話，要到冰面上去，難道我沒有警告過你那是很危險的嗎？」

「是他們要我上去的，我本來並不想那樣做。」喬治低聲說。

「難道是他們拉著你的胳膊，把你托上去的？」父親接著問道。

「不，沒有，但是他們嘲笑我是個膽小鬼。」喬治回答。

「那你為什麼不說『NO』呢？你寧願不聽我的話，冒著失去生命的危險也不願對人說『NO』嗎？昨天晚上你說『NO』是最容易說的，但你並沒有做到，不是嗎？」父親最後說道。

喬治回答不上來了，現在他終於明白了為什麼最難說的字是「不」字了。

比林定律中，注重想法的表達，如何發表自己的想法也是一門藝術。在人際溝通交往中，聊天說話是最主要的事，儘管你可能盡力傾聽，但如果你想更好地表達自己的想法，那麼如何說話就很重要了。關鍵就在於說話的時機選擇、方式方法和是否能應景而言。

說「不」是一種藝術，更是一種權利

常常聽人說：平生最怕的事情就是拒絕別人。這可能是大多數人的普遍心理。的確，很多人，包括一些處世高手，在如何拒絕他人這件事上，都是很費腦筋的。往往是出於愛面子和怕得罪人的心理，在別人提出一些要求對或者請求提供幫助的時候，即使自己很忙、或者力有不逮，也往往要勉為其力，那個「不」字就是說不出口。

正因如此，常常使自己陷入到「不得不」或者「被逼無奈」的窘境當中，更重要的是，還會打亂自己的計劃和安排，使自己的工作與生活陷入被動。長此以往，將無法享受給予和付出的真正快樂，正常的人際交往與互動都會淪為一種負累，又何有快樂可言呢？那麼，怎樣才能讓自己輕鬆地說出那個重要的「不」字來呢？

第一、說話的時機選擇，一般來說，事情分為事前、事中和事後幾段。

「事前」如果還沒有確定或還沒有開始執行（當然也是沒有確定的時候）時，可以充分說出自己的想法和觀點，一旦確定或開始執行時，我們應記住自己的角色，做好分內的事，否則受傷害的會是你自己及你所在的團體。

「事中」一般來說，應該做好分內的事，不要去肆意妄言，你要知道此時有如執行命令的軍隊，亂軍心者當斬啊。當然處於聊天中時，如果是相合或是拓展的觀點可以在對方換氣或停歇時接話，如果是反駁，則盡量讓對方說話再反駁，當然如果是談判時事急要扭轉，可以從權插話，如果覺得話題已經脫離了原先範圍，可以在適當時機轉移話題，所有的插、接、轉應盡量自然、順水推舟，以保持聊天的氣圍和目標達成。

「事後」一般來說，應堅持既往不咎的原則，可以適度總結教訓和經驗，但應對事不對人，除非是碰到一些沒有自知之明的人，否則不必經常敲打、一定要追究責任到人，因為事情一般是集體在做，不是哪個人能單獨負責的。

第二、方式方法上，要不同事情盡量用不同的說法。比如，好事可以廣播，而壞事，則要先說結果，建立溝通的底線，再來想解決方案。有時如果預計可能會有抵觸或難以推進時，不妨先試探性的放話出去，把有可能產生抵觸或障礙的方法先以小道或先討論的形式探試一下，然後再推出甚至得到合理的方式方法。

第三、在使用方式方法的同時，我們更加要注意的是要應景，所謂應景，一是要根據當時的環境，二是要根據聊天的對象，俗話說：見人說人話，見鬼說鬼話，不人不鬼說胡話。實際上就是要求我們平時盡量積累廣博的知識和準確的識人能力，能對不同的人、在不同的環境下說不同的話以達到目標。

尊重自己，從學會說「NO」開始

在我們生活之中，很多人都會在人際關係中無法拒絕別人的請求，並為此而陷入苦惱之中……

當問及「為什麼感到難以拒絕呢？」常見的回答有：

——「我也不知道為什麼，就是特別難以拒絕別人。」

——「擔心拒絕會破壞與他之間的關係。」

——「從小到大都不會拒絕別人，感覺不應該拒絕別人。」

——「擔心拒絕的話，會傷害對方的自尊心。」

——「害怕惹惱對方。」

——「擔心拒絕，不給面子，會影響與對方的關係。」

——「感覺拒絕後，對方可能會覺得我人不好。」

……

從這些回答中，我們能看出，難以拒絕主要是因為擔心拒絕可能會破壞人際關係，拒絕可能會惹人不開心，拒絕也可能引起他人的負面評價。而恰恰又不喜歡別人不開心或被人負面評價，那麼便難以拒絕了。

我們可以問問自己被拒絕的時候，是什麼感受呢？對於這個問題，會有很多不同的答案。現實的情況是，不同的人因為不同的事情而拒絕，其帶來的感受是不一樣的。比如，當我們覺得對方應該幫助自己的情形下被拒絕，那麼就會感到憤怒和憎恨；當我們知道對方有合理的拒絕的理由的時候被拒絕，會感到可以理解，能夠接受；當我們被陌生人拒絕時，可能會感到有些生氣，但很快就會不生氣；當我們的重要請求被一個重要的人拒絕時，可能會感到特別傷心或失落……

常見的難以拒絕的事情包括：借錢，陪聊，陪玩，被不喜歡的或沒感覺的人表白，參加某項活動等等。

難以拒絕中第一個問題就是：更在乎別人，還是更在乎自己的願望或感受？

有的人很難拒絕他人，習慣性的答應他人的請求，甚至答應不合理的請求，強迫自己順從別人的意願，忽視自己的願望。這樣的慣性做法會帶來煩惱。比如，自責或對自己不滿，有時也會感到對方很煩。

難以拒絕的根源是什麼呢？可能是這樣的一種信念：「別人的需要比自己的更重要」或「只有滿足了對方的需要，對方才會喜歡我。」

還可以這樣說，難以拒絕的人們，他們要求自己必須對每一個人都好，希望獲得每一個人的喜歡，無法接受別人的討厭或否定。無意識地認為拒絕別人，就一定會引起對方的討厭或其他不好的結果。事實上，當我們被拒絕後，感受是因人而異，因情況情形而定。大多數時候，我們是可以接受拒絕，理解對方的拒絕，並伴隨著些許的不開心。

缺少穩固的自我價值感，內心軟弱，經受不了他人的消極評價，經受不了人際衝突，於是設法討好別人。並且會在為對方「設想」。

——若拒絕別人，對方一定會受傷。

——若拒絕別人，對方一定會不高興。

——若拒絕別人，對方一定會不喜歡自己。

——若拒絕別人，等於「我不好」，不應該這樣對待別人，應該友善一點。

……

這樣想著想著，自責是難免的，心裡會煩惱，會體會到「我不好」的感受。這種「我不好」的感覺，從心理機制上來看，是一種自我懲罰，目的是帶來消極的自我感覺，提醒自己「不該那樣做」。

自我懲罰的心理機制背後，是在小時候的成長經歷中學習到的人際交往原則，以及為人處世標準，當達不到標準的時候，就會無意識地自責，能意識到的僅僅是煩惱，以及一些消極的類似於「我不好」的心理感受。比如，小時候如果每次拒絕身邊的人，他們不管青紅皂白批評一番，那麼久而久之，孩子心裡就會認定「我不能拒絕別人」，否則就是「我不好」，這些想法伴隨著消極的自我感受，深深地沉澱在心底，以至於讓人習慣性地無法拒絕別人，不管別人的要求是否合理，是否無法拒絕，或者即使努力地拒絕了，還是會感到自責或內疚。

真正的友誼從「拒絕」開始……

其實，明明白白拒絕對方，對雙方反而有好處：

首先，誠懇說明自己的難處，讓對方理解，這樣就無損於對方的自尊。接下來，你就能減少不必要的心理負擔以及實質負擔。

再後是，也是最重要的：以後你將懂得如何說「不」了。

不會拒絕的人，開始嘗試拒絕的時候可能會伴隨的感受包括：很難開口拒絕，可能會自責，還可能會有內疚的感受。這些感覺都是很正常的，畢竟內心深處習慣性地認為拒絕就是不應該的，自己就是應該努力滿足所有人的需要，甚至應該犧牲自己，滿足他人。

樂於助人是好事，但前提必須是發自內心的，而不是被迫的。不做爛好人，不做被動的受害者，當直覺上覺得需要拒絕的時候，勇敢地拒絕吧！對於習慣性難以拒絕的人來說，開始拒絕別人的時候，會有許多無意識的自責，但多嘗試拒絕幾次不合理要求後，慢慢地就可以學會堅定地拒絕他人提出來的自己不想接受的請求。

其實，人與人之間真正經得起考驗的友誼，反而是從能夠「拒絕」才開始走上健康的大道。

第十章

羅伯特定律

——除非你自己放棄自己，否則沒有人能打倒你。

人生在世，不可能萬事都一帆風順。當你遭遇到失敗時，當一切似乎都是暗淡無光時，當你的問題看起來似乎不會有什麼好的解決辦法時，你該怎樣做呢？難道你要無所作為，聽任困難壓倒你嗎？每種逆境都含有等量利益的種子，只要心存信念，勇敢地站起來，總有奇跡發生。

人生可以沒有很多東西，卻惟獨不能沒有希望。有了希望就有了信心。有了信心，生命就生生不息！也許，我們的人生旅途上沼澤遍佈，荊棘叢生；也許我們追求的風景總是山重水複，不見柳暗花明；也許，我們虔誠的信念會被世俗的塵霧纏繞，而不能自由翱翔；也許，我們高貴的靈魂暫時在現實中找不到寄放的淨土……那麼，我們為什麼不可以以勇敢者的氣魄，堅定而自信地對自己說一聲「再試一次！」再試一次，你就有可能達到成功的彼岸！

面對挫折和失敗，你需要重整旗鼓，亂中求變。在變的過程中一定會遇到很大的阻力。變有可能成功，也可能不成功，但成功就在你最後堅持的時候。你已在懷疑自己的方法對不對的時候，已沒有信心的時候，曙光就出現了。真的，堅持到最後一刻，成功就在向你招手了。

跌倒了爬起來，自己不打倒自己，就沒有人能打倒你。

一個經理，他把全部財產投資在一種小型製造業上，但由於世界大戰爆發，他無法取得工廠所需要的原料，因此只好宣告破產。金錢的喪失，使他大為沮喪。於是他離開妻子兒女，成為一名流浪漢。他對於這些損失無法忘懷，而且越來越難過。到後來，甚至想要跳湖自殺。

有一個人可以幫你

一個偶然的機會，他看到了一本名為《自信心》的書。這本書給他帶來勇氣和希望，他決定找到這本書的作者，請作者幫助他再度站起來。

當他找到作者，說完他的故事後，那位作者卻對他說：「我已經以極大的興趣聽完了你的故事，我希望我能對你有所幫助，但事實上，我卻絕無能力幫助你。」

他聽了，臉立刻變得蒼白。他低下頭，喃喃地說道：「這下子完蛋了。」

作者停了幾秒鐘，然後說道：「雖然我沒有辦法幫你，但我可以介紹你去見一個人，他可以協助你東山再起。」

話剛說完，流浪漢立刻跳了起來，抓住作者的手，說道：「看在老天爺的份上，請帶我去見這個人。」

於是、作者把他帶到一面高大的鏡子面前，用手指著鏡子說：「我介紹的就這個人。在這世界上，只有這個人能夠使你東山再起。除非坐下來徹底認識這個人，否則你只能跳到密西根湖裡。因為在你對這個人做充分的認識之前，對於你自己或這個世界來說，你都將是個沒有任何價值的廢物。」

他朝著鏡子向前走幾步，用手摸摸他長滿鬍鬚的臉孔，對著鏡子裡的人從頭到腳打量了幾分鐘，然後退了幾步，低下頭，開始哭泣起來。

幾個月之後，作者在街上碰見了這個人，幾乎認不出來了。他的步伐輕快有力，頭抬得高高的。他從頭到腳打扮一新，看來他已經邁向成功的階梯了。

這個世界上沒有人能把你打倒，除了你自己；這個世界上沒有什麼困難能難倒你，除非你自己放棄。人生道路漫漫，坎坷重重，遇到挫折摔一跤，是在所難免的，只是當我們面對挫折時，應當無所畏懼，愈挫愈勇。

一群小孩在玩遊戲，有個小孩跌倒了，媽媽嚇壞了，馬上跑過去，「親愛的你怎麼了，小孩笑著回答說：「媽。跌倒了，爬起來就好了呀！」

所以，無論遇到什麼境況，都不應該放棄自己，什麼事情都可以重新來過：

一天傍晚，一位美麗的少婦坐在岸邊的一棵大樹旁，梳洗著自己的頭髮，一位老漁夫在湖邊泛舟打魚，這本來是多麼美麗的一幅風景畫。可是，當漁夫撐船準備划向湖心時，突然聽到身後傳來「撲通」一聲，老漁夫回頭一看，原來是那位美麗的婦人投河自盡了。老漁夫急忙調轉船頭，向少婦落水的地方划去，跳進水裡，救起了少婦。

漁夫不解地問少婦：「你年紀輕輕的，為什麼尋短見呢？」少婦哭訴道：「我結婚才兩年，丈夫就遺棄了我，接著孩子又病死了，您說我活著還有什麼意義？」「兩年前你是怎麼生活的？」漁夫問。少婦想了想，眼睛一下變亮了：「那時我自由自在，無憂無慮，生活得無比幸福……」「那時你有丈夫和孩子嗎？」「當然沒有。」「可是現在，你同樣是沒有丈夫和孩子呀！你只不過是又回到了兩年前的狀態，現在你又自由自在，無憂無慮了。記住，孩子，那些結束對你來講應該是一個新的起點。」

少婦仔細想了想，猛然醒悟，她回到了岸上，望著遠去的老漁夫，她心中又燃起了新的生活希望，從此再也沒有尋過短見。

這位少婦的人生遭遇的確很不幸，但是真正讓她走上絕路的不是這些不幸，而是她自己，是她放棄了自己。其實，人生會遭遇什麼，我們無法控制，我們能控制的就是我們自己的心態，如何來看待這些遭遇。「寵辱不驚」是一種境界，「永不放棄」是一種態度。

即使全世界都幫不了你時，你還是可以自己幫助自己的。

一切都可以重新再來

在倒塌的廢墟中，重新站立起來的就是嶄新的大樓。這件事在一般人的眼中，好像是理所當然，可它隱藏的哲理，卻是含意十分深遠……

英國史學家卡萊爾費盡心血，經過多年的努力，總算完成法國大革命史的全部文稿，他將這本巨著的原件送給他的朋友米歇爾閱讀，請米歇爾批評指教。

隔了幾天，米歇爾臉色蒼白、渾身發抖跑來，他向卡萊爾報告一個悲慘的消息。原來法國大革命史的原稿，除了少數幾張散頁外，已經全被他家裡的女傭當作廢紙，丟入火爐化為灰燼了。

卡萊爾非常失望，因為他嘔心瀝血所撰寫的這部法國大革命史，當初他每寫完一章，隨手就把原來的筆記撕得粉碎，沒有留下來任何紀錄。

第二天，卡萊爾重振精神，又買了一大疊稿紙。他後來說：「這一切就像我把筆記簿交給小學老師批改時，老師對我說：『不行！孩子，你一定要寫得更好些！』」

我們現在讀到的法國大革命史，就是卡萊爾重新寫過的經典之作！

另外，美國作家歐・亨利在他的小說《最後一片葉子》裡講了個故事：

病房裡，一個生命垂危的病人從房間裡看見窗外的一棵樹，在秋風中樹葉一片片地掉落下來。病人望著眼前的蕭蕭落葉，身體也隨之每況愈下，一天不如一天。他說：「當樹葉全部掉光時，我也就要死了。」

一位老畫家得知後，用彩筆畫了一片葉脈青翠的樹葉掛在樹枝上。最後一片葉子始終沒掉下來。只因為生命中的這片綠，病人竟奇跡般地活了下來。

有個年輕人去微軟公司應聘，而該公司並沒有刊登過招聘廣告。見總經理疑惑不解，年輕人用不太嫻熟的英語解釋說，自己是碰巧路過這裡，就貿然進來。總經理感覺很新鮮，破例讓他一試。面試的結果出人意料，年輕人表現糟糕。他對總經理的解釋是事先沒有準備，總經理以為他不過是找個托詞下臺階，就隨口應道：「等你準備好了再來試吧。」

一個禮拜之後，年輕人再次走進微軟公司的大門，這次他依然沒有成功。但比起第一次，他的表現要好得多。而總經理給他的回答仍然同上次一樣：「等你準備好了再來試。」就這樣，這個青年先後5次踏進微軟公司的大門，最終被公司錄用，後來他成為公司優秀的幹部。

一個陽光的人，心情樂觀開朗，他的人生態度是積極的，不管在工作中還是在生活上，都能很好地完成任務，因此這類人在這段時間裡自我價值的實現也就相對比較多。自我價值實現得越多，自我肯定的成就感也就越多，這樣就能擁有一個好的心情，形成一個良性循環。相反，一個心情陰暗的人整天愁眉苦臉地面對生活，不管做什麼事情都不積極，甚至錯誤百出，那麼他的自我價值的實現就會越來越少，自我否定的因素就會增加，使心情更加消極抑鬱，成了一個惡性循環。

挫敗自己的是什麼？能打倒自己的是什麼？不是外在因素，而是自己，是自己的信心。一個人可以什麼都沒有，唯獨不能沒有信心，沒有信心，也就意味著建立好的一切都會崩塌。

很多時候，我們不是被敵人嚇退的，而是被自己嚇跑的，只要自己不倒下，就沒人可以打倒你。

第十一章

美即好效應

——長得好看的人，人們很容易誤以為他的其他方面也不錯。

「美即好效應」指的是，印象一旦以情緒為基礎，這一印象常會偏離事實。因為看不到優秀背面的東西，就不能很好地解讀它是不是真的優秀？這是由美國心理學家丹尼爾・麥克尼爾所提出的。

在現實生活中，我們常常看到，當一個人在某一方面很出色：如相貌、智力、天賦等，人們往往認為他們在其他方面也會自然而然的出色。更有甚者，只要認為某個人不錯，就賦予其一切好的品質，便認為他所使用過的東西、跟他要好的朋友、他的家人都很不錯。

在與別人的交往中，我們並不總是能夠實事求是地評價一個人，而往往是根據已有的對別人的瞭解而對其他方面進行推測，從對方具有的某個特性而泛化到其他有關的一系列特性上，從局部信息形成一個完整的印象，一好俱好，一壞俱壞。固然，有些人確實可以在很多方面都很優秀，但現實中這種人畢竟不多。現實中多的是有所專長，但在許多方面都很平庸的人。

古語云：人不可貌相，海水不可斗量。要是以貌取人，或是對一個人的能力以偏概全，你可能會丟失很多寶貴的東西。

戰國哲學家楊朱

戰國時候，哲學家楊朱和弟子有一次來到了宋國邊境。天氣很熱，他們找到了一家小客棧休息。弟子不久就發現，店主的兩個老婆長相與身份地位相差極大：一個長相一般的在櫃台上掌管錢財進出，而一個長得很美的卻幹著洗碗拖地的雜活。弟子很困惑，就忍不住問店主人是什麼原因。

主人回答說：「長得漂亮的自以為漂亮，不聽管束，舉止傲慢，可我卻不認為她漂亮，所以我讓她乾粗活；另一個認為自己不美麗，凡事都很謙虛，而我卻不認為她醜，所以就讓她管錢財。」

在企業裡面，有多少管理者能像這位旅店的老闆一樣公允分明地用人呢？有很多領導，一看見艷麗出眾的女孩子，不管她才能如何，都要盡收門下，給其最輕鬆的工作和最優厚的待遇。而能幹、謙遜，但長相平凡的員工，卻得不到多少施展才能的機會，報酬也相應的低。所以，人們常說「長得漂亮是優勢」！

航海家麥哲倫

麥哲倫是近代航海事業的開拓者之一，帶領自己的船隊成功地完成了環繞地球一周的壯舉，向世人證明瞭地球是圓的。他之所以能夠成功，得益於獲得了西班牙國王卡洛爾羅斯的幫助。當時，自哥倫布航海成功以來，許多投機者或騙子為求得資助頻頻出入王宮，要求得到國王的資助進行新的航海探險。這使得爭取到資助的難度增加了不少。麥哲倫為表明自己與這些人不同，在覲見國王時特地邀請了著名的地理學家路易・帕雷伊洛同往。

在當時，帕雷伊洛久負盛名，是公認的地理學權威，國王對他也相當尊重。進宮後，帕雷伊洛將地球儀擺在國王面前，歷數麥哲倫航海的必要性及種種好處。國王看到帕雷伊洛都如此推崇麥哲倫的計劃，於是爽快地答應了資助這次航行，向麥哲倫頒發了航海許可證。其實，在麥哲倫等人結束航海後，人們發現了帕雷伊洛當時對世界地理的錯誤認識及他所計算的經度和緯度的諸多偏差。

由此可見，勸說的內容無關緊要，卡洛爾羅斯國王只是因為那是「專家的建議」，就認定帕雷伊洛的勸說是值得信賴的。正是國王的美即好心理效應——專家的觀點不會有錯——成就了麥哲倫的環球航行的偉大成功。

「美即好效應」的啟示

生活中，其實我們都在無意識地、執拗地利用著美即好效應。大多數人只要一聞到權威的氣息，便會立即放棄自己的主張或信念，轉而去迎合權威的說法；一看到某些人長相出眾，就認為他們能力也不錯，從而給他們很多機會。其實，美即好效應是一把雙刃劍。在對人才的甄別上，我們應從本質上去認識，真正選中有真才實學的人；在面對權威人士的觀點時，要通過理性去進行鑑別，從而避免受到誤導。只有這樣，才不會有礙於你的成功。

在學校經常可以看到這種現象，老師對學習成績好的學生，臉上往往流露出喜愛的神色，並器重和青睞他們。而對學習成績較差的學生卻往往歧視，並表現出討厭的情緒。這就是美即好效應在教育中的具體體現。這種「只見樹木，不見森林」的片面看法使部分優秀學生產生心理錯覺，無法正確對待自己；而另外一些學生僅僅因為分數不高，就會長期處在被老師的關愛遺忘的角落。這種人為造成的惡劣心理環境，不僅會引發學生情緒偏激，行為帶有觸發性和衝動性，容易產生逆反心理，而且必然導致學生的個性畸形發展，形成嚴重的心理障礙，從而使學生喪失積極向上的願望，對生活失去自信。

心理學裡的「美即好效應」：即美麗的東西在人們的心目中很自然地跟好的東西聯繫在一起。有關這個效應，即便是聖人孔子也難以避免。其老人家就說過這麼一句話：「吾以言取人，失之宰予；以貌取人，失之子羽。」

此話的來源是這樣的，話說他老人家有兩個弟子，一個叫宰予，長得又帥又能說會道，一見面孔子就對他的印象不錯。還有一個弟子叫子羽，身材矮胖得像個球，相貌也是如車禍現場，孔子認為他資質低下，難成大器。然而假以時日，孔子發現宰予好吃懶做，不思上進。而子羽卻學習刻苦，作風正派，完全跟當初的判斷有所出入，隨即有以上的感嘆。

「美即好效應」對德育的啟示是「尺短寸長」，每個學生身上都有特長，也有不足，教師要樹立正確的學生觀，用發展的、辯證的、全面的眼光看待學生，對每一個學生都要全面了解。不能讓成績「一票否決」，只了解差生缺點的一面，忽視了差生優點的一面。應努力做到尊重每一位學生，保持在教育過程中一切學生的平等，避免部分學生滋生優越感，而另一部分學生形成自卑感。

活得漂亮才是本事

「美即好效應」說明了「長得漂亮是優勢」，但我們每個人並不一定都會長得漂亮，這也要取之於ＤＮＡ的遺傳因子，由不得人。不過，我們還有一件事，可千萬別忘了——「活得漂亮是本事」！

其實，企業的人才講究的是能力，公司營運的目標是獲利，又不是要搞夜店、酒店，何必一些俊男美女的花瓶來供著，領導者只要營造一個和諧溫馨的企業文化環境也有助於吸引和留住人才。

納爾遜女士是美國卡爾松旅遊公司的總裁。為了給員工營造一個舒心的工作環境，公司規定：員工每年都有為期一周的帶薪休假；對好的建議、出色的工作表現，公司會給予鼓勵；積極提倡管理者與員工之間的交流，創造和諧的溝通和工作環境。納爾遜女士堅定不移地信守諾言使她獲得了美譽，員工欣賞她的企業是因為她的企業不只是追求利潤，而且很關心自己的員工。正是通過這個方式，卡爾松旅遊公司牢牢地吸引住了人才。

現在，越來越多的企業家認識到了優秀的企業文化是公司生存的基石，是企業能否留住人才的關鍵。企業只要能始終護人、尊重人，承認人們的勞動和做出的成績，構建企業上下左右良好的溝通系統，並讓人才了解和參與企業的決策與管理，切實為他們提供各種必要的保障，營造一個「企業為我家」的軟環境，就能很好地將人才凝聚在一起。只有這樣才能讓員工們毫無怨言地努力與奉獻，才能從根本上穩定人心，留住人才。

第十二章

右腦幸福定律

——右腦是人生幸福的魔法師。

白痴與天才

一八九四年在美國阿拉巴馬州，由一位奴隸女性生下的弱智兒童。叫做湯姆•威金斯，他的眼睛看不到。在六歲時，有一天晚上，主人賓森一家人招待從蒙哥馬利遠道而來的幾位客人。

在宴會席上，畢業於波士頓音樂學校，會彈鋼琴的婦人，彈了兩首曲子。客人回去後，賓森家的人在應該沒有任何人待的房間裡，聽到了鋼琴聲傳出來。

賓森夫人跑到房間外面的陽台一看，就著從高高的窗戶照下來的月光，看到了正在彈鋼琴的瞎眼的湯姆。

他正在彈奏那天晚上頭一次聽到的鋼琴曲子。剛開始有點不順暢，但是，以摸索的方式彈完一次後，就習慣了，第二次能以正確的節拍彈奏出來。

一七六八年，在瑞士貝倫城出生的孩子，名叫哥特福萊德•邁德。這孩子生下來就是個白痴。

但是他在繪畫方面卻展現了驚人的才能。孩提時代，如果給他一套畫具、粉筆及黏土，他會高興地拿著畫筆，畫出很棒的素描。

他畫出自己疼愛的貓及同年齡孩子們的畫。

他畫的母貓帶小貓的畫，後來被英國的喬治四世買去，掛在宮殿中。

在日本的弱智型畫家則是山下清。

山下清看到美麗的景色時，在尚未了解之前，一直凝視著景色，將景色深印在腦海中，再仔細觀察景色周遭其他的細節，將美景鉅細靡遺地記下來。

回到家，藉著腦海中的記憶「畫出正確的圖畫來，就好像照片拍下來似的。」

某日，山下清頭一次被帶到上野公園去，從上野的西鄉隆盛銅像的周圍，俯看小巷的繁華街道，他將這幅景象深印在腦海中。

回到了八幡學園（當時山下所住的地方），立刻開始畫畫。畫非常地精緻，小巷的繁華街道及許多的廣告塔、看板等，全都畫得一模一樣。

廣告塔有很多是羅馬字拼音，但是，他每一個字都沒有錯，不認識羅馬字的山下，是如何正確地畫下這些細節，立刻成為職員之間的話題。這件事情馬上被朝日俱樂部報導出來，雖然是智能不足的人，卻一躍成為天才畫家而成名。

白痴的聰明人左腦功能不良，因此不具有壓抑右腦功能的力量，所以能夠發揮右腦原有的天才能力，因而存在著許多的白痴聰明人。

左腦為低速電腦，右腦為高速電腦

通常我們是利用左腦的電腦發揮作用，來進行思考或計算。但是，突然產生靈感，或出現正確的直覺，則是右腦發揮了作用。

通常我們計算問題時是使用左腦，但是，額頭能夠瞬間進行複雜的計算，則是使用右腦，這一點在先前已經為各位說明過了。

一九八九年，日本京都府舞鶴市的波多野優香（當時21歲），參加珠算界的四大比賽「全日本珠算選手權大賽」、「國民珠算競技大賽」、「珠算名人決定戰」、「計算技能世界第一決定戰」，全都稱霸，成為珠算界的第一人。

用儀器調查，她在心算時，到底哪一邊的腦發揮作用，結果發現是右腦，亦即波多野的答案已經成為一種印象，好像看得到似的，因此，這也實際證明了右腦的功能。

右腦看到複雜的計算問題時，與我們的意識無關，會以超高速的方式自動計算，而將答案當成一種印象，浮現眼前。

右腦具備了印象化機能和高速自動處理機能。得知的計算就是使用這兩種機能。當兒童看某個問題時，右腦已經利用高速自動處理機能來解答問題，答案成為印象顯現出來。

右腦具有的各種神奇能力

此外，右腦還具有許多其他的神奇能力。例如，在一九四五年，在英國伊爾福德出生的殘障兒，瞎眼的喬夫史・賈涅特，展現了以下的才能。

他在一群醫師和記者的守護下，只讓別人將一週廣播電台和節目名稱唸了一次，就能默背出來了。

另外，在眾人面前給他複雜的算術問題，他也能瞬間解答出來。

不管是將來或過去的某一天，他都能夠立刻算出是星期幾。

右腦具有左腦所沒有的以下五大特別能力。

（1）ESP（心電感應或透視力、預知力等能力）

（2）直覺像（只看過、聽過一次的事，就能完全記住的能力）
（3）迅捷的計算力（不論加減乘除，他都能解出）
（4）絕對音感（對音樂領悟力特別強）
（5）右腦語言學習力（具備與大人不同的右腦記憶力）

小時候成績不好的天才們

提及二十世紀偉大的科學家，大家都會想到愛因斯坦。

他小時候很晚才說話，學校成績也不好。

愛因斯坦左腦功能不良，右腦功能極佳，因此不適合只重視左腦功能的學校教育。因為左腦的功能以邏輯的思考能力見長，但是，右腦擅長利用印象，進行視覺的思考。

通常要維持腦思考的平衡，需要以往被忽略的右半球的機能。

孩提時代，左腦過度發達，失去了這個平衡，成為右腦無法發揮作用的頭腦。

愛因斯坦曾說：

「我自己的構想源，就是利用想像來遊戲。言語方面，不論是寫的字彙，或說的語言，在我的思考過程當中，沒有任何的作用。」

「思考要素是某種記號和印象，這些本身會再現，我則加以組合。我認為，最初最重要的就是視覺要素。辛苦地找尋語言或記號只是第二階段而已。」

一些著名的藝術家們或作家、科學家們，在孩提時代，有很多人也有這種學習障礙的例子。除了愛因斯坦以外，還有許多人都有這樣的情況出現。

像法拉第、安徒生、福樓拜、羅丹，及詩人葉慈等，據說他們之所以偉大，就是因為這些障礙之賜。

他們在孩提時代左腦發展不良，無法發揮抑制力，因此，右腦能夠順利成長。

以往的想法認為記憶力、思考力、計算力由左腦掌握，而左腦發達不良，因此，為了彌補這個缺憾，這些能力移到右腦去了。

但是，如果以這個說法來看，那麼左腦功能非常差的失語症的腦障礙者，從小就出現異常的記憶力或計算力，所以，這些應該是右腦原本就具有的能力。

一些因獨創而被稱為是天才的人，會依賴視覺思考。

加拉巴達說：「平均而言，發達快速的人，腦較易變硬，無法完全成長。而成長不良的人，則有更大的成長傾向。」

即成長較遲時，神經的容許量增加，能夠長保新鮮。

創造性的特徵，包括如兒童的世界觀、清新、柔軟等，但是，成長快速的人，這些能力會急速消失。

偉大科學家法拉第也是大器晚成的明星。他一生都具有彈性、新鮮，及鮮活的想像力，深獲好評。

法拉第認為：「我是很會幻想的人，我相信在一年零一夜中所寫的故事和百科全書中所寫的內容是相同的。」

這就是天才們共通的想像力、印象力吧！

右腦使人產生幸福

美國心理學家霍華・克萊貝爾的右腦幸福定律：

右腦使人幸福，左腦用得多的人不易感到幸福。

為什麼說使用右腦比使用左腦更幸福呢？據專家分析，左腦是「自身腦」，它屬於理性圈，例如「邏輯」「功利」「個人經驗」「分析與計算」這些詞都跟它沾邊；而右腦的代表詞匯是「靈感」「直覺」「音樂」「藝術」「宗教」。說簡單點，左腦是「現實派」，而右腦則是「浪漫派」。

隨便說幾個開發右腦的優點，相信你看完之後就會被它「魅惑」。

一、有助於提高記憶力

總會聽到一些人說自己記憶力不太好，是天生的，小時候就如此。真的是這樣嗎？其實不是的。人的記憶力沒有天生好壞的區別，唯一的區別就是會不會用腦。因為人的大腦有一種非常厲害的記憶功能，而這種功能剛好處於右腦的中端。毋庸置疑，誰都想記得比別人多，比別人快，想做到這些，就必須開發右腦。

二、做事效率更高

很多人做事時間花費了不少，卻總是沒效率。為什麼？說到底就是不會用腦。

舉個例子，如果你用左腦看書，你可能要花費8天時間才能把一本書看完。但如果開啟右腦，你可能只需要8個小時就能看完一本書。

三、觀察力更敏銳

那些觀察力敏銳的人都善於運用右腦。要知道人的觀察力受制於空間感知的影響，只有通過色卡訓練，才能在大腦裡形成思維影像。善於運用右腦的人在生活中也會有較強的觀察力，觀察事物會比別人更細緻、更精確。好比在一張寫滿「人」字的紙上加一個「入」字，他一眼就能找出那個唯一的「入」字。

四、判斷力更強

記憶力好，效率夠高，觀察能力夠強，判斷力自然不會弱到哪裡去。右腦發達，判斷力也跟著一起發達，右腦發達的人能找到問題的關鍵脈絡所在，然後「對症下藥」。

五、能有效提高情商

情商，對於時很多不會處事的人來說是個很大的硬傷。右腦變得發達以後，你的情商也會跟著一起改變，它會教你為人處世的態度，能控制你常會脫口說出那些

「蠢話」。很多時候，情商比智商更重要，是事情成敗的關鍵。

雖然使用右腦有種種好處，但真正使用它的人卻非常少。因為人總會潛意識地選擇比較簡單的東西，而不想給自己帶來不必要的困擾。因為左腦比右腦更容易開發，所以使用左腦的人要多得多。

釋放右腦的魔力吧！

一般人都很善於使用左腦，因為左腦較容易開發。

不過，右腦的開發是可以訓練的，例如，鍛鍊左手的能力，用左手來使用工具等等，多冥想、散步、走路、垂釣、看星空、欣賞古典音樂，幸福的捷徑就在右腦的覺醒活躍中。

心理學家們根據左右腦分工的不同，並聯繫到左右腦各自的使用程度與生活幸福感之間的聯繫，從而提出了「右腦幸福定律」。該定律的提出者克萊貝爾就曾經做過一項調查，結果發現，現在絕大多數人看待問題和思考生活都是習慣利用左腦，而對右腦的使用少之又少，這樣就造成了左右腦的使用不平衡的現象，不僅會引發失眠、焦慮、抑鬱症等心理疾病，而且不易讓人感到幸福。

那麼，為什麼生活中絕大多數人都是以左腦為中心來生活的呢？這是因為左腦是「競爭腦」「現實腦」左腦的優勢顯而易見，它能講會算，好學上進，因此在人的生活中佔據著中心地位，但是以左腦為中心的生活方式卻是單色調的。因為左腦考慮的主要是利害得失，因此觀察人生和社會的視野就未免有些狹隘。

相對於左腦來說，右腦則是人類遺傳信息的巨大寶庫，是人類精神生活的深層基礎。夢、頓悟、靈感，潛意識的創造力相關的心理過程，主要是由右腦激發的。

但是長期以來，我們大多數在使用左腦，右腦更多的時候是被人們忽視的。據有關研究表明，人腦目前所具有的能力，僅佔大腦全部能力的5％—10％。而人類大腦潛力的90％—95％蘊藏在右腦，所以右腦就如同一個巨大的潛力寶庫，等待人們去發掘。

因此，為了使自己生活的更快樂，身體更健康，我們必須訓練自己的使用右腦的能力——也就是要釋放右腦的魔力。

第十三章

幸福遞減定律

——懂得滿足的人最快樂！

有錢很好，但錢不一定會買到快樂！

有個小天使要去送信報佳音，路上不小心睡著了，她醒來後發現翅膀被人偷走了。沒有了翅膀，她就不能繼續趕路；沒有了翅膀，她的能力比普通人更渺小。

小天使又冷又餓，幸好得到了牧羊人的救助。牧羊人得知小天使的情況後，先給了她吃的，然後又用羊毛給她織了一對翅膀。

幾天之後，小天使來報答她的恩人，問恩人想要什麼。

牧羊人說：「那就再給我一百隻羊吧。」

羊增加了，牧羊人的工作量也同時增加了。於是他又找到小天使，請求她把多出來的羊變沒，給他變個豪華的大房子出來。大房子變出來之後，他又覺得光打掃就要費了老半天，最後他請求給他一匹馬。但有了馬之後他又沒了方向，四海太大了，不知道去哪裡。最後他索性把馬也還了回去，什麼都不要了。

小天使納悶了，人的貪欲那麼大，為什麼牧羊人卻什麼都不想要呢？於是，她就問他：「人都有那麼多願望，為何你卻沒有呢？」

牧羊人說：「當願望變成現實之後，我發現我根本不需要它們。不需要的東西就會變成累贅、變成負擔，沒有任何意義。」

小天使覺得既然他什麼都不想要，那就送他世界上最難求的東西吧，那就是美好的性格。但牧羊人依然婉言拒絕了，他說他早就有了這種可貴的性格，那便是「知足常樂」。

幸福為什麼會遞減呢

一個飢腸轆轆的旅人遇到一位農夫，農夫給了他一個麵包，他邊吃便慨嘆：「這真是世界上最香甜的麵包！」吃完，農夫給了第二個麵包，他開心地繼續吃著，臉上洋溢著幸福的滿足感。吃完，農夫又給了他第三個麵包，他接過麵包，一副飽脹的樣子。吃完，農夫又給了他第四個麵包，不料，他痛苦地吃著麵包，最初的快樂蕩然無存。

也許你會不解，為何飢餓者得到的麵包總數不斷增加，而幸福感與快樂卻隨之減少？這就是著名的幸福遞減定律。

與上面的例子相似，我們在生活中，還常遇到這樣的情況：人在很窮的時候，總覺得有錢才是幸福；但真成了富翁的時候，再被問及什麼是幸福，他往往會說平淡之類的是幸福，而不再是過去一直崇拜的金錢。

事實上，幸福之所以打了折扣，並不是幸福真的減少了，而是由於我們內心起了變化。正如幸福遞減定律所闡釋的，人處於較差的狀態下，一點微不足道的提高都可能興奮不已；而當所處的環境漸漸變得優越時，人的要求、觀念、欲望等就會變得越高。所以，當你感覺不到幸福的時候，幸福依然在你的周圍，只是你的內心已經失去了對它的追求了。

一個在沙漠裡長期忍受口渴的人，在痛飲完一壺水以後感到非常的滿足。但他到了城鄉有人居住的地區時，隨時都可以喝上乾淨的飲用水，一壺清水給他帶來的幸福感幾乎等於零。

幸福遞減定律告訴我們，我們很容易失去對幸福的感知能力，隨著物質的豐富，物品的增加，我們的感官會變得越來越遲鈍。

事實證明，日子過得越好未必越幸福，如果我們把擁有的一切當做理所當然，那麼就找不到幸福的理由了。

我們感到不幸福，不是因為我們擁有的東西太少，而是因為我們身在福中不知福。飢餓時吃什麼都是甜的，飽腹時就算天天吃蜜也不覺得香甜，因為以前能給我們帶來的喜悅和滿足的東西，現在已經變得一文不值了。我們早已對擁有的這些東西感到司空見慣了，再也沒有什麼能觸動我們的心靈。

想要擺脫幸福遞減定律的影響，重拾昔日的幸福，我們必須學會感恩和珍惜。懷著感恩的心態去生活，而不是以苛求的眼光審視生活，你會發現自己一直就生活在幸福當中，有時候你認為幸福永遠也不會到來，其實，不是因為幸福背離了你，而是因為你喪失了對幸福的感知能力，有時候你以為幸福剛剛開始，其實幸福一直都縈繞在你身邊，你只是身在其中，不識廬山真面目而已。

愛情保鮮的養分

愛情和婚姻對於我們來說，就像吃飯睡覺一樣不可缺少，同時它們的質量和新鮮感，深深影響著我們的生活質量和幸福感。一段美好的愛情和婚姻，不僅可以增加你的生活中樂趣，還會幫助你在事業上的衝刺，讓你的人生呈現出多彩多姿。

人們從單一物品中獲得的追加的滿足，會隨著所獲得的物品增多而減少；同一個人在不同時間裡會有不同的感受，同樣的物品對於不同需求狀態的人，其幸福效應是不一樣的，這就是著名的「幸福遞減規律」。對於愛情，「幸福遞減定律」給我們的啟示就是：愛情保鮮需要不斷製造新鮮感。

每個人都有這樣的經歷，當我們幻想自己的愛情的時候，我們會把自己的愛情想像的非常浪漫；當我們在追求愛情的路上苦苦探索的時候，我們會渴望愛情雨露的滋潤；當我們品嘗到愛情的甜蜜的時候，我們會從心裡產生一種溢於言表的幸福感……然而當時間一天天過去，當我們曾經望穿秋水才得來的愛情牢牢的抓在手心的時候，我們也許會對曾經甜蜜的愛情產生排斥感，最初獲得愛情時的那種新鮮感和幸福感會慢慢消失。這其實就是「幸福遞減定律」在作祟。

那麼，在愛情面前，如何避免「幸福遞減定律」的影響呢？我們每個人都要學會為自己的愛情保鮮。那麼如何為我們的愛情保鮮呢？

一、愛情需要什麼元素

我們應該明白自己想從對方那裡獲得什麼，並且願意付出什麼。這樣在對方開始接觸時，我們會知道自己是否願意，開始交往並發展下去。一旦決定開始一段正式的戀愛關係，戀愛雙方都必須記住什麼讓彼此走到一起的。比如，是對方哪些外在和內在的東西吸引了你，你欣賞對方性格中的哪些方面等。這樣在戀愛雙方相處了一段時間以後，就不會對彼此的那些優點沒有感覺。人們在感覺到舒適和安全後總會有點倦怠，但如果雙方都願意為此付出時間和努力的話，問題是可以解決的。

二、愛情最重要的秘訣就是耐心

有的時候，也許我們不滿意對方的做法，但是不能太認真，太過計較。我們要時刻提醒自己讓自己慢下來，深吸一口氣，並想想對方這樣做的原因是什麼。我們還要改掉傲慢不遜的態度，避免盲目下結論，因為那樣會讓對方感到不舒服，沒有行動的自由，好像我們對方只看到對方最壞的一面。很多時候，戀愛雙方還要學會給對方一些時間，告訴對方在合適的時候可以坐下來好好談談。無論在什麼樣的情況下，耐心總是愛情保鮮的黃金秘訣。

三、愛情要學會互相寬容

「人無千日好，花無百日紅」。在現實生活中，由於種種原因，戀愛雙方發生矛盾是難免的。為了讓愛情永葆青春，必須學會互相寬容，即向對方讓步。有位美國社會學家說：「雙方在衝突中都能讓步，或者對方有關對方角色行為是否合適的看法相似，或雙方在相互交往中能找到更多的價值，我們就能預言，他們的婚姻關係就比較美滿。」可見，寬容，理解，該讓步的時候就讓步，能讓愛情永葆青春。

四、愛情要學會創造生活情調

愛情生活或婚姻生活中應該有浪漫色彩和詩意，這種浪漫色彩和詩意不單單指藝術和文學的，而是潛藏在生活中的各個領域。生活中，愛的源泉是需要男女雙方精心培養的，就像澆花一樣。生活中的一句體貼的話留下的記憶永遠難忘，所以互相體貼和關心永遠不能少。另外，一次郊遊，一場電影，一頓小吃，一次散步……就會增添無盡的樂趣，就會讓愛情展現最美麗的色彩。所以，愛情保鮮一定不能少了浪漫的生活情調。

知足的人才叫幸福

一個國王帶領軍隊去打仗，結果全軍覆沒。他為了躲追兵而與人走散，在山溝裡藏了兩天兩夜，期間粒米未食、滴水未進。後來，他遇到一位砍柴的老人，老人見他可憐，就送給他一個用高麗菜和蘿蔔乾做的飯糰子。飢寒交迫的他狼吞虎咽地就把這個飯糰吃光了，並覺得這是全天下最好吃的東西。於是，他問老人如此美味的食物叫什麼，老人家笑著說叫：「飢餓」。

後來，國王回到了王宮，下令膳食房按他的描述做「飢餓」，可是怎麼做也沒有原來的味道。為此，他派人千方百計找來了那個會做「飢餓」的老人。誰料，當老人給他帶來一籃子「飢餓」時，他卻怎麼也找不出當初的那種美味口感了。

我們不難看出，國王回宮後，盡管飯糰子還是當時的「飢餓」，但因為頓頓都是山珍海味，飽食終日令其再也沒有飢腸轆轆的感覺，所以那種「飢餓」的美味，自然也就不復存在了。

可見，幸福不過是人們的一種感覺。但這種感覺又是靈活多變的，同一個人對同一種事物，在不同的時間、不同的地點、不同的環境，會有完全不同的感覺。

我們應學會用心去體會生活，去感受點滴的幸福。要知道，生活本身就是一種禮物，如果你想抱怨食物不夠美味，請想想那些食不果腹的人，跟他們比，難道你不幸福嗎？如果你想抱怨工作不順、乏味，請想想那些仍未找到工作而四處奔波的求職者，跟他們比，難道你不幸福嗎？如果你想抱怨愛情不夠浪漫，請想想那些還在為結束單身生活而向上帝禱告的人，跟他們比，難道你不幸福嗎？如果你想抱怨自己的孩子不夠聰明，請想想那些渴求骨肉卻不能生育的人們，跟他們比，難道你不幸福嗎？

所以，請時刻提醒自己，幸福就在我們身邊，要懂得用心去感受，不要讓我們的內心麻痺，失去對幸福的敏感。

很多時候，不是得到越多，就越幸福！你的幸福，有時會隨著東西的增多而不斷的減少，這種現象，就是我們所說的幸福感遞減定律。

世界上最大的幸福不是你擁有多少錢，也不是你住什麼豪宅、開進口的名車，而是你要懂得知足常樂。懂得知足的人，才能過得快樂幸福。

第十四章

史華茲論斷

——幸與不幸，都操之在你！

「史華茲論斷」是由美國著名的管理學家D・史華茲博士所提出的——所有的壞事情，只有在我們認為它是不好的情況下，才會真正成為不幸事件。

人生之路總是會有各種彎曲與高低起伏，即使是走在一條筆直的大路上，也會有風、也會有雨，無法永遠通行無阻，一路順暢，總會遇見一些倒楣的事情、壞的事情。只不過有些人能看淡不好的事情，能把不好的事情調換一下角度去思考。

壞事到底有多壞？這全看你自己怎麼下定論。你認為一件事不好，那它就必然壞到了極點；如果你覺得它還有轉圜的餘地，能把它重新挽救過來，那它就會變成一件好事。說到底，還得看自己的心態，心態好，你就會把不好的事情扭轉過來。

波音公司的空難事件

當年美國的波音公司和法國的空中巴士公司曾為爭奪日本「全日空」的一筆大生意而打得不可開交，雙方都想盡各種辦法，力求爭取到這筆生意。由於兩家公司的飛機在技術指標上不相上下，報價也差不多，「全日空」一時拿不定主意。

可就在這關鍵時刻，短短兩個月內，世界上就發生了三件波音客機的空難事件。一時間，來自四面八方的各種指責都向波音公司匯集而來。這使得波音公司蒙受了奇恥大辱，產品質量的可靠性也受到了人們的普遍懷疑。這對正與空中巴士爭奪的那筆買賣來說，無疑是一個喪鐘般的訊號。許多人都認為，這次波音公司肯定是輸定了。但波音公司的董事長威爾遜卻並沒有為這一系列的事件所擊倒。他馬上向公司全體員工發出了動員令，號召公司全體上下一齊行動起來，採取緊急的應變措施，力闖難關。

他先是擴大了自己的優惠條件，答應為全日空航空公司提供財務和配件供應方面的便利，同時低價提供飛機的保養和機組人員培訓；接著，又針對空中巴士的問題採取對策，在原先準備與日本人合作製造A-3型飛機的基礎上，提出了願和他們合作製造較A-3型飛機更先進的767型機的新建議。空難前，波音原定與日本三菱、川琦和富士三家著名的重工業公司合作製造767客機的機身。空難後，波音不但加大了給對方的優惠，而且還主動提供了價值5億美元的訂單。通過打外圍戰，波音公司博取到了日本企業界的普遍好感。在這一系列努力的基礎上，波音公司終於戰勝了空中巴士，與「全日空」簽訂了高達10億美元的成交契約。這樣，波音公司不光渡過了難關，還為自己開拓了日本這個市場，打了一場反敗為勝的漂亮仗。

「墨菲定律」告訴我們，凡是要出錯的事，總是會發生的。波音與空中巴士一直存在互相的競爭與互相激勵，在空中交通上給人們帶來舒適與便利。而「不便的事」也還是會發生的……

英航的迫降事件

英國航空公司也曾遇到過一次危機。有一次，一架由倫敦經紐約、華盛頓的英航班因為機械故障，在紐約被迫降落後禁飛。乘客對此極為不滿，對英國航空公司怨聲載道。該公司立即調度班機，將63名旅客送到了目的地。當旅客下機時，英航職員向他們呈遞了一份言辭懇切的致歉信，並為他們辦理退款手續。

儘管英航因此損失了一大筆錢，但起了力挽狂瀾的功效，大大弱化了乘客的不滿情緒。英航的這一舉措被人們廣為流傳，這不僅未損害，反而大大提高了英航的聲譽。此後，英航的乘客一直源源不斷。

通過自己的高明手段，英航在危機面前得以化被動為主動。這得益於英航面對危機的一種快速反應能力。

在現實生活中，動盪的國際政治、經濟環境常常使企業的周遭危機四伏，一不留神就會走上下行的坡道。面對挫敗，你是自暴自棄，讓它成為不可逆轉的事實，還是讓它變成促使你重新奮發的動力？其實，命運一直藏匿在思想裡。打擊究竟會對你產生怎樣的影響，最終決定權是在你手中。只要能夠從壞中看好，採取有效的措施扭轉這個趨勢，耐心地找準一個方向，就一定會別有洞天。這樣不僅能解一時之圍，更能找出公司的病症並徹底消除隱患，使公司增強持久贏利的能力。

出現危機並不可怕，可怕的是被危機沖昏了頭腦而自暴自棄。對企業來說，危機也不一定就是壞事，它有時反而成為企業發展的契機。企業只要能樹立憂患意識，並在危機來臨時快速作出反應，就一定扭轉危局，反敗為勝。要記住：所有的壞事，只有在認為它是不好的情況下，才會真正成為不幸事件。

世上有很多不幸，反而成為人生的亮點

戰國時期，一位老人養了許多馬。

一天，他的馬群中忽然有一匹馬走失了。鄰居們聽說後，便跑來安慰老人，可老人卻笑道：「丟了一匹馬損失不大，沒準會帶來什麼福氣呢。」大家

覺得老人的話很好笑，馬丟了，明明是件壞事，卻說也許是好事。

幾天後，老人丟失的馬不僅自動返回家，還帶回一匹北方匈奴的駿馬。鄰居聽說了，對老人的預見非常佩服，前來向老人道賀說：「還是您有遠見，馬不僅沒有丟，還帶回一匹好馬，真是福氣啊。」出人意料的是，老人聽了反而憂慮地說：「白白得了一匹好馬，不一定是什麼福氣，也許會惹出什麼麻煩來。」大家覺得老人是故作姿態，白撿一匹馬心裡明明應該高興，卻偏要說反話。

突然有一天，老人的兒子從那匹匈奴駿馬的馬背上跌下來，摔斷了腿。鄰居聽說後，又紛紛來慰問。老人說：「沒什麼，腿摔斷了卻保住了性命，或許是福氣呢！」這次，大家都覺得他又在胡言亂語，摔斷腿會帶來什麼福氣？

不久，匈奴大舉入侵，青年人都應徵入伍，老人的兒子因為摔斷了腿，不能去當兵。入伍的青年都戰死了，唯有老人的兒子保全了性命。

這個故事，就是我們所熟知的「塞翁失馬，焉知非福」。它告訴我們，好事與壞事都不是絕對的，在某些情況下，壞事可以引出好的結果，好事也可能會引出壞的結果。

幸福也是一樣，也會蘊藏在不幸的外表下面。其實，從心理學角度講，所有的「不幸事件」，都只有在我們認為它不幸的情況下，才會真正成為不幸事件。在我們的生活周遭，不也常聽到「不幸中的萬幸」的故事啊！

很多事情，如果你能看得開、看得透，它反而能從別的方面成就你。任何事情只有抱著樂觀的心態去面對，才能讓那件看上去很「糟糕」的事情變得好起來。

奧利地：羅伯特・巴雷尼。一九一四年生理學和醫學獎獲得者。巴雷尼小時候因病成了殘疾，母親的心就像刀絞一樣，但她還是強忍住自己的悲痛。

她想，孩子現在最需要的是鼓勵和幫助，而不是媽媽的眼淚。母親來到巴雷尼的病床前，拉著他的手說：「孩子，媽媽相信你是個有志氣的人，希望你能用自己的雙腿，在人生的道路上勇敢地走下去！好巴雷尼，你能夠答應媽媽嗎？」

母親的話，像鐵錘一樣撞擊著巴雷尼的心扉，他「哇」地一聲，撲到母親懷裡大哭起來。

從那以後，媽媽只要一有空，就給巴雷尼練習走路，做體操訓練，常常累得滿頭大汗。

有一次，媽媽得了重感冒，她想，做母親的不僅要言傳，還要身教。儘管發著高燒，她還是下床按計畫幫助巴雷尼練習走路。黃豆大的汗水從媽媽臉上淌下來，她用乾毛巾擦擦，咬緊牙，硬是幫巴雷尼完成了當天的鍛鍊計畫。體育鍛鍊彌補了由於殘疾給巴雷尼帶來的不便。

母親的榜樣作用，更是深深教育了巴雷尼，他終於經受住了命運給他的嚴酷打擊。他刻苦學習，學習成績一直在班上名列前茅。最後，以優異的成績考進了維也納大學醫學院。大學畢業後，巴雷尼以全部精力，致力於耳科神經學的研究。最後，終於登上了諾貝爾生理學和醫學獎的領獎台。

人生挫折與史華茲論斷

人生的道路曲折漫長，在人的一生中充滿著成功與失敗、順境與逆境、幸福與不幸等矛盾。而人生挫折則是一個人邁向成功的征途中所必須認真對待的一個基本課題。只有仔細回味把握人生挫折，才能真正領會感語人生的樂趣，也只有在戰勝了人生挫折以後，才能真正走向成功。

一、人生挫折的內涵及其成因分析

所謂人生挫折，是指人們在某種動機的推動下，在所要達到目標的過程中所遇到的障礙和由此在個人內心深處引起的痛苦體驗，通俗的是，人生挫折也就是人們常見的逆境狀態與不幸感受。

人生的內容是多方面的，因而人生的挫折也是多方面的。如政治上蒙冤、工作上失敗、生活的窮困、愛情的失意、家庭的離散、身體的疾病傷殘等等。在校大學生所經歷的挫折除了常人所遇到的一般情景外，還表現在聯考落榜或聯考不中意，競爭失敗、家境貧寒、初戀夭折等方面。

構成人生挫折的要件包括：其一、行為的動機和追求的目標，這是人生要達到的價值意義所在。人的活動都是以動機和目標來導航的，挫折意味著行為偏離了航向而失去應有的意義。其二、滿足動機和達到目標的手段或行動，實施手段和行為也就意味著個人為自己的目標做出實際付出。付出而沒收穫，自然就有失落和痛苦。其三、挫折的實際情景發生，也就是說行為手段因種種原因沒有收到應有的結

果，沒有達到相應的目標。其四、個人對挫折的心理體驗，即個人因為行為手段與追求目標的背離而感到痛苦和不幸。

人生挫折，本質上是人生實踐與人生理想的矛盾衝突，現實的實踐未能達到理想所企盼的目標，使理想未能變成現實。這一理想的落空，在人們心靈深處引起強烈的震撼從而造成人生毀滅感或努力改變現狀的使命感和緊迫感。

引起人生挫折的原因是多方面的，可以從主客觀兩方面來分析：

（一）外在的客觀原因。

即自然的和社會的原因。自然條件的制約往往能給人帶來不幸的結果。一些無從預料，不可抵擋的自然現象，諸如山洪爆發，火山地震，江河決堤，大旱大澇等。都會使人生的舞台滯留在不利的環境之中。而人們要在不利的環境中取得滿意就要付出更大的艱辛努力，即便如此其成功的機率也低於良好自然條件下的努力。與此同時，社會變遷過程中的不利因素也會給個人造成諸多的不良影響。特別是人類歷史特定的低潮與逆流時期，總是限制甚至毀滅人們的美好追求，使大多數人置身於挫折與不幸之中。

（二）內在的主觀原因。

即個人自身條件與認識偏差對人生的限制與阻礙。自身條件限制使目標無法實現的境況是顯而易見的，諸如個人的相貌，身體素質，經濟狀況，智慧型水平，心理素質等原因使個人的需要難以滿足而形成挫折感。個人認識上的偏差造成理想失落的景象則往往是隱形的。個人對人生使值目標定位失當或追求的理想與奮鬥途徑方法相背離，都會使奮鬥目標無法實現或達到的現實目標與心中企盼的理想目標產生距離，引起內心的失落與不平衡感。

二、如何面對人生挫折

人們在社會中生存，就必然會遇到這樣或那樣的挫折。在市場經濟大潮中，人的活動與互動關係越來越頻繁、越來越複雜。這一變化在激發人們多種多樣的動機和目標的同時，也增加了個體人生挫折的機率。對此不能消極地忍耐或迴避，而應直面正視人生挫折，積極尋求克服和戰勝挫折的有效途徑，撫平傷痕，向人生的成功目標奮鬥。在這方面，古今中外許許多多的傑出人物為提供了諸多有益的啟示。

（一）增強自信、蔑視挫折。

人生挫折的發生雖是客觀的事實，但是在不同心態的人身上所反映出的心理體驗卻是情態各異的。所以要戰勝挫折，首先必須要有堅強的意志和高度的自信心。勇敢和自信是人生邁向成功之路的第一步，是成功的心理基石。有勇敢精神的人不一定都能取得成功，但懦弱自卑、缺乏自信的人注定將一事無成。對於勇敢自信的人來說，挫折和苦難更能激發他們奮發向上的鬥志和豪情，愈挫愈勇。而缺乏自信和勇敢精神的人，面對挫折就可能自甘沉淪，一厥不振。

「苦難是堅強者磨行意志的磨刀石，也是懦弱者自甘墮落的滑梯。」高度的自信可以喚起戰勝挫折的勇氣，調動自身全部的能量與挫折搏鬥。在與挫折的較量中，自身變得強大，而挫折則相對地顯得藐小。「窮且益堅，不墜青雲之志。」不論在什麼情況下，都不能動搖這樣一個信念，「沒有爬不過的山、沒有倘不過的河，沒有戰勝不了的困難和挫折。」

（二）升華目標，淡化挫折。

人生挫折是和人生的奮鬥目標聯繫在一起的。一個人的人生目標是多方面的，而且各個時期，各個領域的具體目標也會有所不同。在實現這些大大小小目標的過程中就會產生各種各樣的人生挫折。然而，決定人們對人生挫折心理體驗強弱的是一個人的人生價值目標，即他對整個人生的根本的價格追求。人生挫折心理體驗的強弱是由他自己認識到挫折對自己根本價值追求的負面影響的大小決定的。

一個把個人功利作為人生追求目標的人，貧窮和官場失意對他來說就意味著人生悲哀，而以國家民族興盛為己任的人，則會把名利得失看得如過眼雲煙。對於一個愛情至上主義者來說，失戀和家庭的離異便如同人生的毀滅，哀嘆著「沒有愛怎麼活、沒有愛多難過！」而一個視事業為生命的人，個人情感的失意便如同玫瑰刺扎了手，雖有一點點痛，但卻了無大礙。

（三）發憤圖強，戰勝挫折。

面對人生挫折，人們無不希望變挫折為坦途、贏得人生輝煌，但要戰勝挫折，關鍵在於自身的發憤圖強，努力奮鬥。古諺曰：「失敗是成功之母，苦難乃人生財富」其本意在於引導人們對挫折認真總結，吸取人生教訓，科學地調整自己，積極尋求戰勝挫折的方法。這樣，挫折就如同「人生的良師」，引發變壞事為好事，一步一步走向成功。如果在挫折面前消極忍耐，怨天尤人，甚至自暴自棄，那麼，苦難永遠是苦難，挫折始終是挫折，「失敗」這個媽媽無論如何是生不出「成功」這個大胖小子的。

雖然世界是現實的，但看不見、摸不到的命運卻一直藏匿在我們的思想裡，我們若能懂得從不幸中看幸福，那麼，你就會發現，原來結局別有洞天。

正如心理學家哈利・愛默生・佛斯迪克博士所指出的：「生動地把自己想像成失敗者，這就足以使你不能取勝；生動地把自己想像成勝利者，將帶來無法估量的成功。偉大的人生以想象中的圖畫——你希望成就什麼事業、做一個什麼樣的人——作為開端。」很多偉大人物的成功，就是憑借這樣一種智慧的心態取得的。

事實上，時間是永不停息的，世界是不斷發展、變化的，所以「幸」與「不幸」不是永恆不變的，我們只有學會從不幸中看到幸福，採取有效的措施扭轉大家所謂的「不幸」的趨勢，自信地找準一個方向，並耐心地、努力地堅持下去，幸福與成功便會水到渠成。

任何時代、任何事件，都是無所謂好與壞，也沒有幸與不幸，眼前的一切，不過是時間軸上的一個逗點。學會放眼前方，用心去尋找、去捕捉那蘊於不幸中的幸福，我們最終會發現，在這個無限延伸、充滿變數的軸線上，自己真的已經得到了幸福的句號。

人生之路，機遇與挑戰並存，成功與失敗相連。所應做的就是善待人生，嚮往追求成功，但絲毫也不懼怕失敗。雖說不一定能擁有一個美麗的環境，但完全可以創造一個美好的心境，活在當下——以此心境去努力和追求，那麼在前方將會有坦蕩的曠野和蔚藍的天空。

第十五章

因果定律

——任何事情的發生，都不是偶然的！

世界上沒有一件事會是偶然發生的，每件事的發生必有其原因，才會有結果，這是宇宙的最根本定律。

人的命運當然也遵循這個定律。認同因果定律的不僅是道教、佛教，還有基督教等。古希臘哲學家蘇格拉底和大科學家牛頓等人，也認為這是宇宙最根本定律。人的思想、語言和行為，都是「因」，都會產生相應的「果」。如果因是好的，那麼果也是好的；如果因是壞的，那麼果也是壞的。人只要有思想，就必然會不斷種因，種善因、還是惡因，由人自己決定。

「因果定律」說明，發生在你生活中的任何一件事物的結果，必定有一個或多個與其相伴而生的原因，簡單說就是人們每天都生活在因果定律之中。從天體運行、四季輪迴、到小河叮咚、大地回春；從花草樹木、魚蝦成群，到紅杏枝頭、山巒疊起……這一切都和因果定律息息相關，也可以說是因果定律運行的結果。

佛教特別重視「因果」。「六道輪迴」就是因「因果」而起，沒有了因果「六道輪迴」也就不存在了。佛教有「凡夫畏果，菩薩畏因」之說，就連菩薩都怕「因果」，何況我們凡人。站在佛教的立場看：要知前世因，今生受者是；要知後世果，今生作者是。「因果報應，真實不虛」絕對無疑。

站在現代科學的角度看：因果報應，同樣也是真實不虛。現代物理學證明：作用力和反作用力大小相等，方向相反。如果我們把作用力當作「因」，那麼反作用力就是「果」。任何一個事物（人），只要他發出了作用力這個「因」，就一定會受到一個與作用力大小相等的「反作用力」的「果」的影響（報應）。一個人一頭撞向牆壁（等於做了一件事），牆壁受到了多大的「作用力」，這個人同樣就會受到多大的反作用力（頭疼痛或受傷就是果）。頭撞牆的力度越大，頭受傷害的程度也就越大。這是一種看起來「速報」的因果報應。

沒有因怎麼會有果

有的人一生獲得無數次成功，有的人連一次成功的滋味都沒嘗過。你是否想過為什麼會出現這種截然不同的結果？失敗的人抱怨自己的運氣差，甚至將其推脫給客觀條件或外在因素；成功人士在總結經驗時，經常要提到自己的聰明才智和好運氣，但同時也強調了重要的一點——吃得苦中苦，方為人上人，這是多麼重要的一點，它有力地向人們詮釋了因果定律的關係。

任何一種結果的出現都不是偶然的，如果你像那些成功人士一樣，曾經做了大量卓有成效的工作，那麼你必定會得到和成功人士同樣的結果，這沒什麼奇怪，也不是好運光顧你，這只不過是因果定律發揮了作用。

每個人都嚮往成功與輝煌，那麼人們究竟該怎樣做才能獲得這樣的碩果呢？當你環顧生活中的各個方面，你會發現健康、收入、業績、事業、家庭、各種人際關係……你目光所能及的一切，都是過去耕耘的因所帶來的果。

「一份耕耘，一分收穫。」這是人的努力運作的必然衍生的結果。只有辛勤耕耘、矢志不移的人，才能得到應有的尊重、地位、名利和成功。了解這個道理後，相信那些失敗的人在抱怨自己運氣差的同時，一定也會總結一下自己曾經的付出是不是應該給自己更多的收穫。

「善有善報，惡有惡報」，這在很大程度上是因果定律的例證。比如說，一個人做了一件好事，贏得了別人的好感和感激，當其有困難時，自然就容易獲得別人的幫助；相反，一個人做了一件壞事，損害了別人的利益，別人很可能會對其心生惡意，說不準哪天報復，即使不報復，風水輪流轉其總有落難之時。善人即使生前沒有得到褒獎，可其問心無愧，死後歷史也終會給予一個名留青史的評判；惡人即使生前逃過了懲罰，可其問心有愧，死後歷史也終會給予一個遺臭萬年的評判。

所以，正確的心態應該是不管命運好也罷，壞也罷，只管積極專注於，調整好，做好當下的思想，語言和行為，則命運會在不知不覺中向好的方向發展。隨之而來的就是心的通透，人生路的通達。

因與果，不可能分家

愛默生說：「因與果，手段與目的，種子與果實，全是不可分割的，因為果早就醞釀在因中，目的存在於手段之前，果實則包含在種子中、大自然法則：從事工作，你將擁有權力，可不工作的人，將沒有權力。」你要得到某樣東西，一定要付出更多的努力，把與該事情相關的每一件事情都做好，這樣你才能從該事情中得到豐厚的回報，付出越多才能收穫越多。

因果定律以最簡單的形式告訴人們，如果生活中你為自己設定了想要得到的結果，你就需要追溯前人，看一看那些得到這個結果的人是怎麼樣做的，併為這個結果不停地努力、付出，如果你能夠做和成功人士同樣多的事情，你獲得的結果也將和他們同樣多，這不是奇蹟，而是一個很自然的規律。

它指無論哪一方面的成功或失敗都不是偶然的，而是有著一定的因果關係的必然，即每個結果都有特定的原因，這個法則非常深奧且具極大影響力，以致世人將其稱之為人類命運的「鐵律」，心理學家將其歸納：種瓜得瓜，種豆得豆；種下什麼樣的因，得到什麼樣的果。

成功學大師拿破崙・希爾曾被邀請到一所大學做演講，他受到了熱烈的歡迎，當校方付給他一百美元的酬勞時，他說不虛此行，因此婉言拒絕了該項報酬。

後來那所大學的校長，將這件事動情地說給了他的學生，校長說：「我在這所大學待了20年，期間我曾邀請過很多人士給學生們發表演講，但這是我碰到的第一個拒絕接受演講酬金的人，他說他在演講中所收穫的東西就足以勝過他演講的酬勞。事實上，這個拒絕酬金的人是一家大型雜誌的總編，我建議備宗們去訂閱他的雜誌，他身上的美德以及能力是你們在書本中學不到的，也是將來踏入社會後必須用到的。」

拿破崙・希爾的《成功規律》由此獲得了這些學生六千多美元的訂閱費，並在日後的發展中，獲得這所大學的學生以及他們的朋友五萬多美元的訂閱費。

有的人一生獲得無數次成功，有的人連一次成功的滋味都沒品嚐過。你是否想過為什麼會出現這種截然不同的結果？失敗的人抱怨自己的運氣差，甚至將其推拖給客觀條件或外在因素；成功人士在總結經驗時，經常要提到自己的聰明才智和好運氣，但同時也強調了重要的一點——吃得苦中苦，方為人上人，這是多麼重要的一點，它有力地向人們詮釋了因果定律的關係。

布瑞姆博士在《阿波羅精神》一書裏曾經說過：「自然界有自然界的均衡性，這是人力所無法破壞的。」同樣地，身為人類也有人類的均衡點，這也是不能被破壞的，人生與社會同樣都躲不過自然的「鐵律」；種什麼樣的因，必會收穫什麼樣的果。

任何一種結果的出現都不是偶然的，如果你像那些成功人士一樣，曾經做了大量卓有成效的工作，那麼你必定會得到和成功人士同樣的結果，這沒什麼奇怪，也不是好運光顧你，這只不過是因果定律發揮了作用。

每個人都向往成功與輝煌，那麼人們究竟該怎樣做才能獲得這樣的碩果呢？當你環顧生活中的各個方面，你會發現健康、收入、業績、事業、家庭、人際關係……你目光所及的一切都是過去耕耘的因所帶來的果。

世上的任何事情都遵循著這樣的道理。只要你肯花時間，肯犧牲，肯研究，肯付出，自然會聲譽滿豐。例如，如果想擁有很多的財富，你必須時刻想著賺錢，時刻研究如何賺錢，時刻盡全力為此付出，這樣你的錢包才會鼓鼓。如果你想擁有智慧，你就必須播下追求知識、學會知識、追求真理、運用真理的種子，這樣你的腦中才會蓄滿智慧。

西班牙有句婦孺皆知的有力格言：「你要什麼便取什麼，只是你要付出相當的代價！」每個東西都有它的價格，想要得到它就需要付出代價。如去超市買東西一樣，你可以隨便挑選自己喜歡的商品，可在出口處必須為此付出金錢。成功的天平也是如此，天平的一邊放的是成功的碩果，天平的另一邊放著為此付出的代價。有時候代價或許很大，可是你要記住，不管你的目標是什麼，都需要付出相應的代價才能達到。這很公平，在成功的字典裏，從來沒有「不勞而獲」和「坐享其成」等詞語。

因果是現實人生的輪迴

有些人，認為每天都做同樣的事，領同樣的薪水，人生實在很無聊，甚至為了尋求刺激，反而染上了惡習，身陷更痛苦的輪迴而不由自主……

因此，如果你覺得生活沉悶，就應該檢查一下自己到底付出了多少，就妄想一步登天。從來沒聽人說：「我天天早睡早起，經常做運動，不斷充實自己，培養人際關係，並且盡心盡力地工作，然而生活中卻沒有一件好事。」生活是一個因果循環系統，如果生活中一點好事都沒有，那就是你的錯了。只要你了解你的現狀是自己一手造成的，你就不再會覺得自己是受害者。

也許你會反駁說：「生活中，有的人過著平淡的日子，同樣感覺很幸福；而有的人成績斐然，卻覺得幸福離自己很遙遠。明顯不符合因果定律。」其實，之所以出現這樣看上去似乎因果相悖的現象，是因為幸福感是一種非常主觀的情感體驗。

美國知名心理學家、賓夕法尼亞大學教授馬丁・瑟里格曼表示，幸福＝快樂＋意圖＋參與。他告訴我們，幸福並不是空等來的，不是被動地期盼來的，而是需要你具有快樂的能力，獲取幸福的意圖，並能積極地參與。如果你覺得自己現在還不夠幸福，那就該清醒地審視自己了。要知道，一味地抱怨或嘆息過去根本毫無意義，與其低落、萎靡，不如珍惜當下，積極生活，讓「今天」成為「明天」的幸福理由。

有一天，一個貧窮的小男孩為了攢夠學費正挨家挨戶地推銷商品。勞累了一整天的他此時感到十分飢餓，但摸遍全身，卻只有一毛錢。怎麼辦呢？他決定向下一戶人家討口飯吃。當一位美麗的女孩打開房門的時候，這個小男孩卻有點不知所措了，他沒有要飯，只乞求給他一口水喝。

這位女孩看到他很飢餓的樣子，就拿了一大杯牛奶給他。男孩慢慢地喝完牛奶，問道：「我應該付多少錢？」女孩回答道：「一分錢也不用付。媽媽教導我們，施以愛心，不圖回報。」男孩說：「那麼，就請接受我由衷的感謝吧！」說完男孩離開了這戶人家。此時，他不僅感到自己渾身是勁兒，而且還看到上帝正朝他點頭微笑。

其實，男孩本來是打算退學的，但喝完小女孩送給他的那滿滿一杯牛奶後，他放棄了這個念頭。

數年之後，那位美麗的女孩得到了一種罕見的重病，當地的醫生對此束手無策。最後，她被轉到大城市醫治，由專家會診治療。當年的那個小男孩如今已是大名鼎鼎的霍華德・凱利醫生了，他也參與了醫治方案的制訂。當看到病歷上所寫的病人的來歷時，一個奇怪的念頭霎時閃過他的腦際，他馬上起身直奔病房。

來到病房，凱利醫生一眼就認出床上躺著的病人就是那位曾幫助過他的恩人。他回到自己的辦公室，決心一定要竭盡所能來治好恩人的病，從那天起，他就特別地關照這個病人。經過艱辛努力，手術成功了。凱利醫生要求把醫藥費帳單送到他那裡，在帳單上，他簽了字。

當醫藥費帳單送到這位特殊的病人手中時，她不敢看，因為她確信，治病的費用將會花去她的全部家當。最後，她還是鼓起勇氣，翻開了醫藥費帳單，旁邊的那行小字引起了她的注意，她不禁輕聲讀了出來：「醫藥費——一滿杯牛奶。霍華德・凱利醫生。」

恐怕連小女孩自己都不敢相信，就是當年一杯滿滿的牛奶，在數年後挽救了自己的生命。現實生活中，很多人活一輩子都不會想到，自己在幫助別人時，其實就等於幫助了自己。一個人在幫助別人時，無形之中就已經投資了感情，別人對於你的幫助永記在心，只要一有機會，他們會主動報答的。

關於這一點，著名科學家愛因斯坦的兩次不同婚姻也是很好的例證。

愛因斯坦的前妻米列娃因不能容忍丈夫極少的關心與體貼，而只是一味地與原子、分子、空間、時間為伴，便時常與其發生摩擦，而兩人的個性都很強，最終分手。

第二任妻子艾麗莎是一個體貼入微，懂得尊敬與忍讓的人，她深知愛因斯坦的脾氣，從不干預丈夫的工作，讓他安心地完成事業。

愛因斯坦受到感動，也在百忙之中抽出時間來陪妻子度過美好時光，他甚至在記者招待會上曾說過：「艾麗莎雖然不懂相對論，但相對論卻有她付出的一份心血。」

基本上，人類大都有一個特質，主動付出的人，在付出時往往並不想得到什麼回報，可冥冥之中，老天卻會對你「另眼看待」，讓你幸福滿載而歸……

因果，千古不變的定律！

以下是國學大師南懷瑾的哲思——因果，千古不變的定律！

人生的遭遇，一切各有因果，不怨恨他人，也不羨慕他人。——《列子臆說》

真正的佛學講因果報應並不是迷信的話，而是一句很科學的話。你昨天罵了人家，當時人家對你笑笑，心裡已經有了仇恨，有機會他一定會報答你的，不會客氣，這就是因果，這就叫做業。——《小言黃帝內經與生命科學》

佛學的基本是建立在六道輪迴、三世因果上，但是據我幾十年的經驗所知，學佛學道的人，沒有幾個真正相信六道輪迴，更沒人相信三世因果，至少沒有絕對的相信。這並不是迷信，至少在理論上搞得清楚的人沒有，至於事實上求證到的更是沒有。這些都是值得大家反省的地方。因為不相信六道輪迴、三世因果，所以你學禪也好，學密宗也好，學淨土也好，根本基礎上是錯誤的，等於想在沙灘上建房子

一樣，是不可能的事情。——《如何修證佛法》

中國文化處處講因果，這因果的觀念並不是印度佛教傳教入中國以後，才開始確立，並普遍被社會套用在語言文字上。我們的《易經》老早就有這種思想，如「積善之家，必有餘慶；積不善之家，必有餘殃。」至於孟子，這裡所引用的「出乎爾者，反乎爾者也。」同樣是因果報應的觀念。——《孟子旁通》

從形而上哲學的觀點上講，大自天下國家的政治，小至家庭個人的處事，真正的善惡是非，是因時因地為準，很難下定論。因為時間和空間的轉變，是非善惡，也有所顛倒。但只有因果的定律，是絕對肯定的，乃至唯物世界的一切科學法則，也不能違背因果律的原則。……

因果定律的存在，無論唯物、唯心，都是同樣的事實……我們先看一看清朝的開國之初，所謂「太祖」高皇帝努爾哈赤，在他開國稱帝的第四年，親征原屬蒙古後裔的葉赫族，盡滅其國。葉赫族貝勒金台石率妻子登所居高台，寧死不投降，而且發誓，只要葉赫族有一人在，即使是女的，也必報此恨。因此，清朝兩百多年，遵守祖制，絕不娶葉赫族的女子做后妃。但到了奕詝即位，年號咸豐的時代，葉赫族的後裔，就是「清史」有名的「慈禧太后」那拉氏（葉赫族原為納喇氏，音譯不同），偏又入宮成了貴妃，又生了兒子，即六歲就接位的同治，只做了十三年的皇帝，十九歲便死了。以後便開始由慈禧策劃，名為兩宮皇太后的懿旨，立了光緒。實際上，就是慈禧專政，一直到把清朝徹底毀滅，就是她一手所造成的後果。

這是巧合，或是前因的反覆，就很難論斷了，但卻是一樁真實的歷史故事，並非虛構的……

循環反覆的因果定律，正如《易經》泰卦爻辭所說的「無平不陂，無往不復」的道理。「為政」果然如此，做人做事，何嘗不是如此。這也就是曾子所說「言悖而出者，亦悖而入」、「貨悖而入者，亦悖而出」的道理。

——《原本大學微言》

沒有因果關係，這個世界一切都不成立，法律、政治、經濟、醫藥、建築、飲食男女，統統都在因果關係中。

天主教、基督教、回教也講報應，做好事的人上天堂，做壞事的人下地獄。那麼，因果誰作主的？誰判定讓你得到報應？佛教不承認有人審判你的罪，判你下地獄上天堂。為什麼不承認？因為這是因果的道理，是個大科學，上天堂下地獄，六道輪迴，三世果報，都是我們自主的。我們學佛，是要認識生命自主的東西，這個自主不是你現在想作主就做得到的，所以修行的重點在這裡。

——《人生的起點和終站》

一切因緣生，緣起性空。既然性空，我何必學佛呢？有一樣東西也不空也不有，「善惡之業亦不亡」。既然無我無造無受者，那你說：我不妨作惡吧？不是教條禁止你，是業力不失！你說：空了還有什麼業力？有空的業！空就是因緣，就是因果；空為因，所得的果報是清淨……

當年我在成都，成都文殊院的方丈給我一個帖子，請我這晚輩吃素齋。這很嚴重，我就趕快去請教我的老師，老師說他也收到了帖子，方丈要審問你！聽說你年輕悟道了，要公審你，一共有六桌人，都是老和尚，你去嗎？我說，當然要去了，充其量殺頭，何況和尚是不開殺戒的。

到那一天吃飯時，都沒事，方丈很客氣，讓我坐最高位，連我的老師都坐在下座。飯吃完了，老和尚讓我講話，這一下開始了，所有在座的都可以提問，還好，我都能應付。最後老和尚問了個問題：

「證無生法忍是不是證得空性？」我答：是的。

「那空了還有沒有因果？」我說：當然有。

「空怎麼有因果？」我說：空是因，涅槃是果。

老和尚聽了就坐下來，不再說話了。這才終於通過了，老和尚是慈悲的，他怕我悟了空性就「撥無因果」，那是很嚴重的。可是真正的悟到空，因果卻更明顯了。為什麼？你真空了，只要有一點東西就看得更清楚。凡夫眾生因為不空，對因緣果報反而看不清楚，被染污擋住了。所以古人說：學般若的空宗菩薩如「冰棱上走，劍刃上走」，在冰凍的山棱上走，以及踏著刀鋒走，都是很危險的，一有不慎，一念之間不防，就下去了。管你學得是什麼菩薩境界，照樣是六道輪迴。

——《維摩詰的花雨滿天》

不可思議的因果傳奇

最後我們來看一個奇妙的因果故事：

一百多年前的某天下午，在英國一個鄉村的田野裡，一位貧困的農民正在勞作。忽然，他聽到遠處傳來了呼救的聲音，原來，一名少年不幸落水了。農民不假思索，奮不顧身地跳入水中救人。孩子得救了。

後來，大家才知道，這個獲救的孩子是一個貴族的公子。

幾天後，老貴族親自帶著禮物登門感謝，農民卻拒絕了這份厚禮。

在他看來，當時救人只是出於自己的良心，自己並不能因為對方出身高貴就貪戀別人的財物。

然而，故事到這兒並還沒有結束……

老貴族因為敬佩農民的善良與高尚，感念他的恩惠，於是，決定資助農民的兒子到倫敦去接受高等教育。

農民接受了這份饋贈，能讓自己的孩子受到良好的教育是他多年來的夢想。

農民很快樂，因為他的兒子終於有了走進外面世界、改變自己命運的機會；老貴族也很快樂，因為他終於為自己的恩人完成了夢想。

多年後，農民的兒子從倫敦聖瑪麗醫學院畢業了，他品學兼優，後來被英國皇家授勛封爵，並獲得一九四五年的諾貝爾醫學獎。

他就是亞歷山大・弗萊明，青霉素的發明者。

——青霉素是人類最早發現的抗生素，它拯救了千千萬萬的生命。

而那名貴族公子也長大了，在第二次世界大戰期間患上了嚴重的肺炎，但幸運的是，依靠青霉素，他很快就痊癒了。

這名貴族公子就是帶領英國打贏第二次世界大戰的英國首相——邱吉爾。

這是一個神奇的世界——只有因果，沒有偶然，所有的偶然都是必然。

成就別人的人——最終將成就自己。

〈全書終〉

國家圖書館出版品預行編目資料

幸福思考，楚凡夫　著，　初版，新北市
新視野 New Vision，2024.03
面；　公分 --
ISBN 978-626-97656-6-9（平裝）
1.CST：人生哲學　2.CST：生活指導

191.9　　112022127

幸福思考
楚凡夫　著

出　　版　新視野 New Vision
製　　作　新潮社文化事業有限公司
電話 02-8666-5711
傳真 02-8666-5833
E-mail：service@xcsbook.com.tw
印前作業　東豪印刷事業有限公司
印刷作業　福霖印刷企業有限公司

總 經 銷　聯合發行股份有限公司
新北市新店區寶橋路 235 巷 6 弄 6 號 2F
電話 02-2917-8022
傳真 02-2915-6275

初　　版　2024 年 4 月